はしがき

　受験生の皆さん、勉強お疲れさまです。

　公務員試験合格に向けて、各自取り組んでおられると思いますが、その中で筆記試験の最後のポイントとなるのが「時事対策」です。

　近年、公務員は「指示されたことだけ行う」というものではなく、「社会情勢を踏まえて自ら積極的に対応する」ことが求められています。社会問題への関心、知的好奇心が必要とされます。その影響を受けて、地方公務員試験では時事に関連する出題が増えていました。そして、2024年からはいよいよ国家公務員試験も知識分野において「時事を中心とした」出題に大きく舵を切ることになりました。また、デジタル化の推進に伴い「情報分野」の出題も増えています。今後の公務員試験では、この傾向が続くことになるでしょう。

　そこで、普段から公務員試験対策を中心に講座を開発・提供しているLECがノウハウを結集して時事対策本を作成しました。LEC講師陣が能力を最大限発揮して作成した、渾身の一冊をお送りします。

　知識＆問題演習を一冊でまとめました。初学者の方から受験経験者に至るまで、効率的に時事対策を行うことができます。

　※本書は2023年11月時点の情報に基づいて作成しています。

　本書を活用し、受験生の皆さんが、志望先合格・内定につながることを願ってやみません。

2023年12月吉日

株式会社　東京リーガルマインド
ＬＥＣ総合研究所　公務員試験部

目次

はしがき
これからの公務員試験は時事がカギ！
本書の特長
本書の効果的活用法

第1章　自然科学

1　生成的人工知能（生成ＡＩ）**A** ……………………………… 2

2　半導体 **A** ………………………………………………………… 6

3　ＡＬＰＳ処理水 **B** ……………………………………………… 10

4　量子コンピュータ **B** …………………………………………… 14

5　2022年ノーベル物理学賞（量子もつれ）**C** ………………… 18

6　バイオ燃料 **A** …………………………………………………… 22

7　はやぶさ2（生命の起源：水、アミノ酸）**B** ……………… 26

8　代替タンパク質 **B** ……………………………………………… 30

9　給電を必要としない電解反応 **C** ……………………………… 34

10　2022年ノーベル化学賞（クリックケミストリー）**C** ……… 38

11　遺伝子組み換え表示制度改正 **A** ……………………………… 42

12　犬と猫のマイクロチップ情報登録 **B** ………………………… 46

13　感染症法における感染症の分類 **B** …………………………… 50

14　アルツハイマー病新薬（レカネマブ）**A** …………………… 56

15　2022年ノーベル生理学・医学賞（人類の進化）**C** ………… 60

16　エルニーニョ・ラニーニャ現象 **A** …………………………… 64

17　線状降水帯 **A** …………………………………………………… 68

18　地震関連（関東大震災から100年）**A** ……………………… 72

19　アルテミス計画（有人月面着陸）**B** ………………………… 76

20　人新世（人間活動の痕跡が刻まれた新しい地質時代）**C** … 80

21	環境問題（マイクロプラスチック）**A**	84
22	脱炭素（カーボンニュートラル）**A**	88
23	新学習指導要領 **C**	92
24	国際卓越研究大学制度 **B**	96
25	研究系職員の雇止め **B**	100
26	スポーツ分野（主な大会結果と日本の成績）**B**	104

第2章　情報

1	情報量の単位 **A**	110
2	情報セキュリティ① **A**	114
3	情報セキュリティ② **A**	118
4	情報セキュリティと暗号化技術 **B**	122
5	アルゴリズムとフローチャート **A**	128
6	マイナンバー法 **A**	132
7	デジタル社会の構築背景と概要 **B**	138
8	デジタル社会の実現に向けた重点計画 **A**	142
9	デジタル社会形成整備法等 **A**	146
10	個人情報保護法改正 **A**	150
11	デジタル手続法 **A**	156
12	プロバイダ責任制限法 **B**	160
13	情報通信に関する法令 **A**	166
14	デジタル田園都市国家構想 **A**	170
15	Ｄｉｇｉ田甲子園とデジタル庁発足 **A**	176
16	情報用語 **B**	182

※**A**、**B**、**C**は重要度を表しています

これからの公務員試験は時事がカギ！

1．国家公務員の試験変更

2024年より、国家公務員試験を中心に、**教養科目（基礎能力）試験の変更**が行われます。

国家一般職・国家専門職を例に見てみましょう。

2023年まで	2024年以降
知能分野	知能分野
文章理解　11	文章理解　10
判断推理　8	判断推理　7
数的推理　5	数的推理　4
資料解釈　3	資料解釈　3
知識分野	知識分野
自然・人文・社会（時事を含む）13	**自然・人文・社会に関する時事、情報　6**

変更点の中でも、赤字部分である「知識分野」の出題内容変更がポイントです。

つまり、これまでは「時事を含む」だったのが、「〜に関する時事」及び「情報」となり、「時事」が中心になっていることがわかります。また、「**情報**」が新たな試験科目として出題されます。

これは、**春の国家総合職試験、秋の経験者採用試験も同様**になります。

一方、秋の国家総合職試験【教養区分】はどうでしょうか。

2023年まで	2024年以降
Ⅰ部　知能分野24問	Ⅰ部　知能分野24問
文章理解8	文章理解10
数的処理16	数的処理14
Ⅱ部　知識分野30問	Ⅱ部　知識分野30問
自然10 **人文10**　時事を含む **社会10**	**自然・人文・社会（時事を含む）、情報　30**

知識の総問題数には変化がありません。しかし、これまでは各分野10問ずつと記載され、なおかつ、時事を含むとだけされていましたが、今後は各分野の問題数が規定されていないことと、こちらも「**情報**」が新科目として出

題されることが決まっており、時事・情報分野の出題が増加することが予想されます。

特に「情報」分野は新しい出題であり、これまでの対策講座・対策本などでは対応できない分野になり、**新しい対策が必須**になります。

したがって、今後の知識分野は「**時事が重要ポイント！**」といえるでしょう。

2．地方公務員試験はどうか？

地方公務員志望者は受験先により問題数が異なります。

この点、関東エリアの受験生を中心に人気な「東京都」は時事問題数が5問であり、「特別区」は時事問題数が4問とされています。これは知識分野の中でかなりのウエイトを占めます。

また、他の県庁や政令指定都市などにおいても、

① 時事が試験科目に記載されているもの
② 教養に（時事を含む）とされているもの
③ 一般知識という科目の中で、時事を出題しているもの
④ 明示していないが、専門科目に時事関連問題が多く出るもの
（一部自治体では、刑法・労働法・社会政策・国際関係などの科目の一部で時事関連問題が出題されているとの情報もある）

があります。この点、公務員は**社会情勢に対応する力**が求められますので、**社会情勢＝時事に関心を持っていることが必要**です。そのため、近年は時事関連問題が多くなっており、今後もその傾向が続く可能性が高いです。

また、**すでに一部の自治体**では2023年試験で「**情報**」分野を出題しています。今後も多くの自治体で出題が予想されており、**対策が必須**です。

そのため、地方公務員試験受験者においても、「**時事**」「**情報**」が外せないということであり、皆さんが合格するうえで「**非常に重要な要素**」となってくるわけです。

本書の特長

　前述のとおり、2024年以降の公務員試験においては「合格・内定獲得には時事が重要」となります。
　では、皆さん、「時事」や今回から追加の「情報分野」は得意ですか？

　受験生の多くは「社会情勢等って結局何なのか」「時事は苦手」「何を勉強すればいいかわからない」「情報ってどんな内容？」という意見が多いです。

　しかし、これは「ポイント（重要な知識・考え方）」「勉強の仕方と必要な道具（テキストや問題集）」がわかっていないために生じるものです。以下、どうすべきか見ていきましょう。

（1）　ポイント（重要な知識・考え方）

　人事院の発表によれば、今後時事については「普段から社会情勢等に関心を持っていれば対応できるような内容」とされています。
　この「普段から社会情勢等に関心を持って」とは何を指すのでしょうか？

　この点、公務員試験での時事問題であり、社会情勢に対応するための知識であるため、「公務員の仕事に大なり小なり関連する分野」であるといえます。ということは、ある程度範囲は絞ることができるということです。さらに重要ポイントも「細かい数字」や細かい表現を一言一句覚えるのではなく、「言葉の意味」「課題」「課題に対する対策」「メリット・デメリット」「他国との比較」など、時事問題の根幹にかかわる点を押さえればよいことになります。

　人事院のサンプル問題をチェックしてみましょう。

> 　英国では、2019年にＥＵからの離脱の是非を問う国民投票と総選挙が同時に行われ、それらの結果、ＥＵ離脱に慎重であった労働党の首相が辞任することとなった。ＥＵは1990年代前半に発効したリスボン条約により、名称がそれまでのＥＣから変更され、その後、トルコやウクライナなど一部の中東諸国や東欧諸国も2015年までの間に加盟した。

　選択肢の中に、時事知識と社会科学の知識が混在しており、ここから今後、時事に関連して人文・自然・社会科学を勉強することが必要になります。
　したがって、今後の時事の対策については、

> ① 社会情勢の背景や課題、対策など重要な要素を押さえる
> ② 時事に関連して人文・自然・社会を確認

ということが重要になります。

そこで、本書では、**時事とともに、時事に必要な人文・自然・社会科学の知識をも盛り込んでいます**。これにより、単なる時事問題対策ではない、新傾向にも対応する学習が可能となります。

また、「情報分野」も、**情報時事分野**はもちろん、**情報セキュリティ**や**情報用語**から、**フローチャート**など他の分野に応用が利く分野に至るまで、**概ね、この一冊で網羅**しています。

（2） 勉強の仕方と必要な道具（テキストや問題集）

これまでの時事対策はアウトプット教材が少なく、問題演習をせず「**ただ読むだけ**」の勉強になっていました。さらにアウトプット教材があってもインプット教材とはバラバラになっているため、**勉強に最も必要な「復習」ができなかった**のが実情です。

そこで、今回、

> ① アウトプット＝問題演習をインプットとワンセットに
> ② インプットのすぐ後に問題演習を置き、復習しやすく

という、**これまでなかった「イン＋アウト」合体型の時事テキスト**を発刊することになりました。

本書を使って、**知識を読み込んだら**、すぐに**問題演習、そして復習**という、「多くの受験生が望んでいた勉強方法」を進めましょう。

さらに、時事の勉強は直前期ですよね。細かい知識がたくさん書かれた解説を読むだけでも時間がかかります。他の科目でも問題集を解いていて、「結局どこが間違えているんだ？」と思ったことはありませんか？

そこで、本書は問題の解説についても、「**どこが間違えているか**」「**どう間違えているか**」**一目でわかるよう工夫**されています。

この受験生ニーズを組み込んだ画期的な本書を使って、単なる「読み込み」ではなく、イン＋アウトという、記憶に残り、かつ知識を引き出す練習を行うことで、合格点を勝ち取りましょう。

本書の効果的活用法

【インプット】

まずは厳選された時事知識の確認。今後の試験傾向に対応するため、関連知識もここで確認しましょう。

❶ テーマ

試験において確認しておくべきテーマを厳選。時事が苦手な受験生もまずはどんな分野が狙われそうなのか確認していきましょう。

❷ 重要度

試験直前期は効率的に勉強することが重要。時間のない受験生は重要度A・B・Cランクを確認し、優先順位をつけて勉強を。

❸ ここがポイント

なぜこのテーマが今注目されているかを確認しましょう。

❹ インプット本文

時事の要点をピンポイントに。また、新傾向に合わせて、教養知識の確認も簡潔に説明しています。何度も繰り返し読み込んでいきましょう。

❺ 図表

ポイントをイメージしやすく図表で確認。文章だけではイメージしにくい点やポイントを図表化し、視覚的にも理解しやすく確認。

【アウトプット】

インプットで得た知識をすぐに問題演習で確認。演習を通じて知識を確認するとともに、知識を引き出す力を養い、実際にどう問われるかを確認していきます。

❻ 問題

知識は問題演習を踏まえないと定着しないもの。オリジナル＆厳選問題を多数掲載し、これらの問題演習を通じて時事知識の定着を図ります。

❼ 解説

問題肢に合わせて「どこが違うのか」をピンポイントでわかるように工夫。時間がない直前期に、復習ポイントが視覚的に確認できるようになっています。

第1章

自然科学

重要度 A

1 生成的人工知能（生成ＡＩ）

ここがポイント

従来型AIとの違いから、生成AIの特徴を理解しよう。その違いから生じるメリットとデメリットを理解し、課題や問題点などを考察することが重要となる。

1．概要

「**生成的人工知能（生成ＡＩ：Generative Artificial Intelligence）**」とは、トレーニング（学習）されたデータを元に、自動的に高品質なコンテンツを生成することができるＡＩである。生成可能なコンテンツは、テキスト（文章）、画像、動画、音声、翻訳、プログラミングのコードなど、様々な種類がある。

2．従来のＡＩとの違い

従来のＡＩは、データを**識別したり予測したり**するのを主な目的としている。例えば、テキストから、意図を分析したり、数値から傾向を分析したり、画像から顔や物体を認識したりするようなことである。一方、**生成ＡＩ**は、データを**生成・創造**するのを主な目的としている。例えば、テキストから、画像、動画、音声を作成したり、画像、動画、音声からテキストを作成することが可能である。

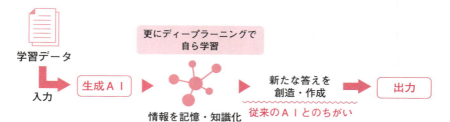

※ディープラーニングとは、大量のデータをもとに自動で特徴量を抽出し学習していくＡＩ技術のことをいう。

3．活用例

- マーケティングやキャッチコピーなどの**アイディア創出**
- ファッションやインテリアの**デザイン提案**
- 研究開発分野での新しい**アイディアの創出**
- 教育分野での**教材作成**
- 医療分野での**画像診断**
- ゲームやアニメの**キャラクター・音楽の生成**

これらは一例で今後は様々な分野で活用されると期待されている。

4．課題や問題点

多くの可能性を秘める生成ＡＩであるが、以下のような課題や問題点も存在する。

- **情報漏洩**のリスク
- 情報の**信憑性**
- 責任の所在が曖昧
- **法律や規定の整備**が必要

【各国の対応比較】

アメリカ	生成AIの開発・利用に前向きだったが、リスクが顕在化するにつれて**規制強化**の動きが出ている。
イタリア	機密情報漏洩への懸念があるとして、国内におけるデータ処理を一時的に禁止。その後、プライバシーポリシーの拡充などの対応によりサービスは再開。なおも禁止を含めた**規制を求める声が強い**。
ドイツ	イタリア同様、規制を求める意見が強い。
フランス	
日本	G7広島サミットの議題とした。**直接的な規制には慎重**。

問題 生成的人工知能（生成ＡＩ）

次の記述のうち、最も妥当なのはどれか。

1. 生成的人工知能（生成ＡＩ：Generative Artificial Intelligence）とは、プログラミング（計画）されたデータを元に、自動的に高品質なコンテンツを生成することができるＡＩである。

2. 生成ＡＩで生成可能なコンテンツは、テキスト（文章）、画像、動画、音声、翻訳、プログラミングのコードなど、様々な種類がある。

3. 生成ＡＩは、データを識別・予測するのを主な目的としている。一方、従来のＡＩは、データを生成・創造するのを主な目的としている。

4. 生成ＡＩの活用例として、研究開発分野での新しいアイディアの創出、医療分野での画像撮影などが想定される。

5. 生成ＡＩの課題や問題点として、情報漏洩のリスクや情報の信憑性の問題が生じる。一方で責任の所在が明確になるなどのメリットもある。

解答・解説

1. 生成的人工知能（生成ＡＩ：Generative Artificial Intelligence）とは、**プログラミング（計画）** されたデータを元に、自動的に高品質なコンテンツを生成することができるＡＩである。

×トレーニング（学習）が正しい。そして学習したうえで新たなデータを生成・創造することを主な目的としている。

2. 生成ＡＩで生成可能なコンテンツは、テキスト（文章）、画像、動画、音声、翻訳、プログラミングのコードなど、様々な種類がある。

→〇正しい。様々な分野での活用が期待されている。

3. **生成** ＡＩは、データを識別・予測するのを主な目的としている。一方、
×従来の。
従来の ＡＩは、データを生成・創造するのを主な目的としている。
×生成が正しい。従来と生成の入れ替えには注意しよう。

4. 生成ＡＩの活用例として、研究開発分野での新しいアイディアの創出、医療分野での画像 **撮影** などが想定される。

×診断が正しい。生成ＡＩは判断し、新たなデータを創造できるため、画像を判断し、診断できるようになると期待されている。

5. 生成ＡＩの課題や問題点として、情報漏洩のリスクや情報の信憑性の問題が生じる。一方で **責任の所在が明確になるなどのメリット** もある。

×曖昧になる。生成ＡＩのデメリットの１つである。

第１章　自然科学

正解	2

重要度 **A**

2 半導体

(((**ここがポイント**)))

　生活の中で多くの製品に用いられている半導体の特徴を理解しよう。1980年代の日本は半導体生産で世界を席巻していた過去から現在の海外勢に押される背景や今後の日本の課題についての考察が重要となる。

1．概要

　半導体とは、電気を通す金属などの「**導体**」と、電気を通さないゴムやガラスなどの「**絶縁体**」との中間の性質を持つものであり、**シリコン**や**ゲルマニウム**などがこれにあたる。

抵抗 →

金属	半導体	絶縁体
銀　銅	アルミニウム　ゲルマニウム　シリコン	ゴム　ガラス

1 H							2 He
3 Li	4 Be	5 B	6 C	7 N	8 O	9 F	10 Ne
11 Na	12 Mg	13 Al	14 Si	15 P	16 S	17 Cl	18 Ar
19 K	20 Ca	31 Ga	32 Ge	33 As	34 Se	35 Br	36 Kr

4族元素のシリコンやゲルマニウム
3族と5族の化合物GaASなどがよく使われる

2．半導体のメカニズム

　半導体は、「導体」と「絶縁体」の性質を持っているため、電子機器のスイッチの役割を持つ。すなわち普段は絶縁体で電気が流れないが、**熱や電圧をかけると電気が流れる状態**になる。この性質を利用しスマートフォン、デジタルカメラ、パソコン、車、など電気で動く製品には全て半導体が用いられている。

3．なぜ半導体が不足しているのか？

　ほとんどの電子製品に半導体が求められている。にもかかわらず、半導体の87％が台湾、韓国、中国で生産されており、供給元に偏りがあることと、2020年からの新型コロナウイルス感染症の影響により、需要と供給のバランスが崩れたことが原因とされる。そのため在宅勤務やオンライン授業などの需要が高まり、パソコンなどの電子機器の需要が高まったにもかかわらず、半導体の供給が追い付かない状況である。さらに、半導体で用いられる、**レアメタルの産出地域が偏在**していて、中国の生産量は世界の約6割を占める。このことから、貿易戦争や輸出規制など政治的なリスクも生じている。

【レアメタルの産出地域】

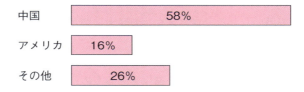

4．半導体の不足に対する日本の対応

　半導体の不足に対して、日本政府は、**輸入に依存しないために**、日本国内の半導体の生産体制の強化を図るため、**経済産業省の主導により**、台湾のＴＳＭＣ（台湾積体電路製造）の工場を誘致した。2021年10月にＴＳＭＣが日本国内で初となる**工場を建設し、2024年からの稼働を目指している**。また、日本の主要企業8社（ソニー、デンソー、ＮＥＣ、トヨタ自動車、ＮＴＴ、ソフトバンク、三菱ＵＦＪ銀行、キオクシア）が出資し、日本政府も700億円の開発費を拠出している。

問題 **半導体**

次の記述のうち、最も妥当なのはどれか。

1. 半導体とは、電気を通す金属などの「絶縁体」と、電気を通さないゴムやガラスなどの「導体」との中間の性質を持つシリコンやゲルマニウムなどの物資である。

2. 半導体は、「導体」と「絶縁体」の性質を持っているため、電子機器のスイッチの役割を持つ。普段は、絶縁体で電気が流れないが、熱や電流をかけると電気が流れる状態になる。

3. ほとんどの電子製品に半導体が求められているにもかかわらず、半導体の87％がアメリカ、韓国、中国で生産されている。

4. 半導体で用いられる、レアメタルの産出地域が偏在していて、中国の生産量は世界の約6割を占める。

5. 半導体の不足に対して、日本政府は、輸入に依存しないために、日本国内の半導体の生産体制の強化を図るため、経済産業省の主導により、韓国企業の工場を誘致した。2021年10月に同企業が日本国内で初となる工場を建設し、2024年からの稼働を目指している。

解答・解説

1. 半導体とは、電気を通す金属などの「**絶縁体**」と、電気を通さないゴムや
　　×導体が正しい。漢字から電気を通すことをイメージ。
ガラスなどの「**導体**」との中間の性質を持つシリコンやゲルマニウムなど
　　×絶縁体が正しい。絶縁という言葉から、通さない、というイメージを持っておこう。
の物資である。

2. 半導体は、「導体」と「絶縁体」の性質を持っているため、電子機器のス
イッチの役割を持つ。普段は、絶縁体で電気が流れないが、熱や**電流**を
　　　　　　　　　　　　　　　　　　　　　　　　　　　×電圧が正しい。
かけると電気が流れる状態になる。

3. ほとんどの電子製品に半導体が求められているにもかかわらず、半導体
の87%が**アメリカ**、韓国、中国で生産されている。
　　×台湾が正しい。半導体はアジアが生産の中心となっており、日本も生産を強化しようとしている。

④. 半導体で用いられる、レアメタルの産出地域が偏在していて、中国の生
産量は世界の約6割を占める。　→○正しい。中国が世界で影響力を持つ多くの理由の一つ
　　　　　　　　　　　　　　　　　　　　といえる。

5. 半導体の不足に対して、日本政府は、輸入に依存しないために、日本国
内の半導体の生産体制の強化を図るため、経済産業省の主導により、**韓
国企業**の工場を誘致した。2021年10月に同企業が日本国内で初とな
る工場を建設し、2024年からの稼働を目指している。

　　　　　　　　　　　　　　×台湾の企業である。この連携で、経済安全保障を進めるとともに、
　　　　　　　　　　　　　　もともと日本の強みであった半導体産業に再度力を入れている。

| 正解 | 4 |

重要度 B

3 ALPS処理水

))) **ここがポイント** (((

福島第一原子力発電所の事故により発生した「汚染水」を安全基準に適した形で処理した「処理水」の特徴を理解しよう。「処理水」の海洋放出によって各国の反応や対応など今後の日本に向けられた課題や問題点などの考察が重要となる。

1．概要

「**ALPS処理水**」とは、福島第一原子力発電所の事故により発生している、高濃度の放射性物質を含んだ「汚染水」を、トリチウム以外の放射性物質を安全基準を満たすまで浄化処理をした水である。また、トリチウムについても安全基準を十分に満たすよう処分前に海水で大幅に薄めている。これによりトリチウムも国の安全基準の40分の1（WHO飲料水基準の7分の1）未満となっている。それでも安全性に疑問視する人がいるのも現状である。

2．トリチウムとは？

トリチウムは「三重水素」と呼ばれる**水素の放射性同位体**である。一般的な水素と同じように酸素と結びつき、水とほとんど同じ性質の「トリチウム水」として、水道水や雨水など**自然界や人の体内にも広く存在している**。

【トリチウムの含有量の例】

水道水　　　　雨（日本）　　　　人体
〜1ベクレル/L　220兆ベクレル/年　数十ベクレル

3．トリチウムが人体に与える影響

　トリチウムを含んだ水を体内に取り込んだ場合、水と共に体外に排出（10日程度で半分が排出）され、**特定の臓器に蓄積することはない**とされている。しかし、高濃度のトリチウムは遺伝毒性や発がん性を持ち、生殖系に影響を与える可能性があるという研究もある。

4．ALPS処理水をめぐる各国の反応

　ALPS処理水の海洋放出は、**IAEA（国際原子力機関）**から、**国際安全基準に合致していると公表**（2023年7月4日付）されたのち、2023年8月24日から始まり、それに伴う反応は各国で様々である。米国、ミクロネシア連邦などは支持や理解を示し、海洋放出が国際基準に従っている限り、安全であると主張している。一方、中国、ロシア、韓国などは、海洋放出が環境や食品の安全性に悪影響を及ぼすと主張している。

問題 ＡＬＰＳ処理水

次の記述のうち、最も妥当なのはどれか。

1. 「ＡＬＰＳ処理水」とは福島第一原発事故により発生した「汚染水」を、完全に除去できないトリチウム等の複数の物質を除き、環境放出の規制基準を下回る状態に処理したものをいう。

2. トリチウムは「三重水素」と呼ばれる水素の放射性同素体である。

3. トリチウムは一般的な水素と同じように酸素と結びつき、水とほとんど同じ性質の「トリチウム水」として、水道水や雨水など自然界や人の体内にも広く存在している。

4. トリチウムを含んだ水を体内に取り入れた場合、体外に排出されるかどうかや、特定の臓器に蓄積するかどうかは全く判明していない。

5. ＡＬＰＳ処理水の海洋放出は、2023年8月24日から始まり、それに伴う反応は各国で様々である。米国、ミクロネシア、韓国などは支持や理解を示している。一方、中国、ロシアなどは、海洋放出が環境や食品の安全性に悪影響を及ぼすと主張している。

解答・解説

~~1.~~ 「ＡＬＰＳ処理水」とは福島第一原発事故により発生した「汚染水」を、完全に除去できない**トリチウム等の複数の物質を**除き、環境放出の規制基準を下回る状態に処理したものをいう。
　×トリチウムのみが完全に除去できない。トリチウム「以外」が正解となる。

~~2.~~ トリチウムは「三重水素」と呼ばれる水素の放射性**同素体**である。
　×同位体が正しい。同位体と同素体は化学でも入れ替えでよく出るので注意。

㊂ トリチウムは一般的な水素と同じように酸素と結びつき、水とほとんど同じ性質の「トリチウム水」として、水道水や雨水など自然界や人の体内にも広く存在している。→○正しい。このトリチウムの含有量はインプット部分を一読しておこう。

~~4.~~ トリチウムを含んだ水を体内に取り入れた場合、**体外に排出されるかどうかや、特定の臓器に蓄積するかどうかは全く判明していない**。
　×体外に水とともに10日程度で約半分排出されることや、反対の意見はあるものの、特定臓器に蓄積されることはないとされる。

~~5.~~ ＡＬＰＳ処理水の海洋放出は、2023年8月24日から始まり、それに伴う反応は各国で様々である。米国、ミクロネシア、**韓国**などは支持や理解を示している。一方、中国、ロシアなどは、海洋放出が環境や食品の安全性に悪影響を及ぼすと主張している。
　×韓国は海洋放出が環境や食品の安全性に悪影響を及ぼすと主張。

正解　3

重要度 B

4 量子コンピュータ

> **ここがポイント**
>
> 従来型コンピュータとの違いから、量子コンピュータの特徴を理解しよう。その違いから得られるメリットとデメリットを理解し、課題や問題点などを考察することが重要となる。

1. 概要

量子コンピュータとは、量子力学の原理を情報処理技術に応用したコンピュータである。従来型のコンピュータ（古典コンピュータ）と比べ、**短時間で計算ができる**ため、様々な分野での応用が期待されている。

2. 従来型のコンピュータ（古典コンピュータ）との違い

【量子コンピュータと従来型コンピュータの計算比較】

例：掛け合わせて35に最も近くなる、2個の正の整数（0〜7）を探す処理

従来のコンピュータの計算
全パターンを繰り返し計算して解を見つける

- 0×0 000×000
- 0×1 000×001
- 0×2 000×010
- 5×7 101×111
- 7×5 111×101
- 7×6 111×110
- 7×7 111×111
- ⋮

量子コンピュータの計算
1度の計算で1個の解を見つける

01 01 01 × 01 01 01 → 5×7 / 7×5

従来のコンピュータで全パターンを計算して答えを探すような問題について、**量子コンピュータは1度の計算で答えを見つけられる**というのが特徴。

3．活用例

- ・新薬の発見
- ・交通経路の最適化
- ・需要予測などのマーケティング
- ・広告配信の最適化
- ・暗号の解読
- ・金融市場のリスク評価
- ・人工知能の進化
- ・天候予測　など

【巨大ＩＴ企業の積極投資と大々的な宣伝活動】

IBM	Google
Microsoft	Intel

この他 Amazon も量子コンピュータを活用、その他ベンチャー投資も活発になっている。

4．課題や問題点

　多くの可能性を秘める量子コンピュータにも、以下のような課題や問題点が存在する。

- ・暗号解読などのデジタルセキュリティ問題
- ・コンピュータ自体を冷やすための超低温や真空などの特殊な環境が必要
- ・製造コストや維持費が莫大
- ・プライバシー問題
- ・量子エラー訂正技術の必要性

問題 量子コンピュータ

次の記述のうち、最も妥当なのはどれか。

1. 量子コンピュータは、組合せを探す問題について、全パターンを高速で計算して答えを導くものであり、従来よりもより一層計算速度が速いため、様々な分野での応用が期待される。

2. 量子コンピュータは、従来型のコンピュータ(古典コンピュータ)と比べ、短時間で計算ができるため、様々な分野での応用が期待されている。

3. 量子コンピュータの活用例として、新薬の発見や広告配信の自動化、暗号の解読、金融市場のリスク評価などが想定される。

4. 量子コンピュータの課題や問題点として、暗号解読などのデジタルリテラシー問題や製造コストや維持費が莫大、プライバシーなどが考えられる。

5. 多くの可能性を秘める量子コンピュータであるが、量子デバイスの安定性(超高温や真空などの特殊な環境が必要)や量子エラー(量子エラー訂正技術の必要性)などの課題への克服が求められている。

解答・解説

1. 量子コンピュータは、組合せを探す問題について、**全パターンを高速で計算して答えを導くもの**であり、従来よりもより一層計算速度が速いため、様々な分野での応用が期待される。
   ×これは従来のコンピュータの計算方法。
   量子コンピュータは並行計算を行い、
   一度の計算で答えを見つけられる。

2. 量子コンピュータは、従来型のコンピュータ（古典コンピュータ）と比べ、短時間で計算ができるため、様々な分野での応用が期待されている。
   →〇正しい。肢1にあるように計算手法が違うことも確認しよう。

3. 量子コンピュータの活用例として、新薬の発見や広告配信の**自動化**、暗号の解読、金融市場のリスク評価などが想定される。
   ×最適化が正しい。より効率的な手法が見つけられるなど社会の発展という点でも可能性が広がる。

4. 量子コンピュータの課題や問題点として、暗号解読などの**デジタルリテラシー**問題や製造コストや維持費が莫大、プライバシーなどが考えられる。
   ×暗号解読はデジタルセキュリティの問題。デジタルリテラシーとはデジタル技術を理解して
   適切に活用するスキルのこと。

5. 多くの可能性を秘める量子コンピュータであるが、量子デバイスの安定性（**超高温**や真空などの特殊な環境が必要）や量子エラー（量子エラー訂正技術の必要性）などの課題への克服が求められている。
   ×超低温が正しい。パソコンなどを利用していると熱くなるように、
   機材を安定的に使用するためには冷却が必要となる。

正解　2

重要度 **C**

5 2022年ノーベル物理学賞（量子もつれ）

))(((**ここがポイント**)))

　2022年ノーベル物理学賞の「量子もつれ」とはどんな現象でなぜ受賞に至ったのかを理解しよう。その理論がどう社会に活用されるのか考察が重要となる。

1．授賞理由と受賞者

　物質を構成する原子や電子に関する「**量子力学**」の分野で、「**量子もつれ**」という現象が起こることを理論や実験で説明し、量子情報科学（**量子コンピュータ**）という新たな分野の創造につながる大きな貢献をしたのが受賞の理由である。受賞者は、パリ・サクレー大学（フランス）のアラン・アスペ教授、クラウザー研究所（アメリカ）のジョン・クラウザー博士、そして、ウィーン大学（オーストリア）のアントン・ツァイリンガー教授の3人である。

2．「量子もつれ」とは

　まず前提として「常識」として成り立つ現象を例に挙げて説明してみる。赤白1つずつのボールを箱に入れ、ふたを閉じ、どちらのボールが赤白か不明にする。次にボールを1つずつ小箱に入れ、1つは大阪に、1つは仙台に運ぶ。大阪で確認するとボールは赤だった。一方仙台は白ボールだった。

　この現象を量子力学では、（1）箱を開けるまで赤白どちらのボールか決まっていない、（2）箱を開けた瞬間に大阪のボールは赤、仙台のボールは白になった、（3）この2つのボールは連動し同じ色にならないとする、と説明される。

　この不気味な現象を証明する実験を「量子もつれ」状態にある二つの光の粒子を用いて証明した。

3．「量子もつれ」と「ベルの不等式」の関連性

　「ベルの不等式」は、すべての現象や実験結果を十分に説明できるとされる古典物理学に基づくものである一方、「量子のもつれ」は「ベルの不等式」が破れることによって、古典物理学とは異なる特性を示す。つまり、量子力学は今までの常識的な考え方では説明できない分野を扱うことができる。

4．「量子もつれ」がもたらす可能性

・量子コンピュータにより、データの解析、医療品の開発、ＡＩの開発などに大きな進展をもたらすことが期待される。
・量子もつれを使った暗号通信により、一層の通信安全性向上が期待される。

問題 **2022年ノーベル物理学賞（量子もつれ）**

次の記述のうち、最も妥当なのはどれか。

1. 2022年ノーベル物理学賞は、物質を構成する原子や電子に関する「量子力学」の分野で、「量子エラー」という現象が起こることを理論や実験で説明し、量子情報科学（量子コンピュータ）という新たな分野の創造につながる大きな貢献をしたのが受賞の理由である。

2. 2022年ノーベル物理学賞の受賞者は、パリ・サクレー大学（フランス）のアラン・アスペ教授、クラウザー研究所（アメリカ）のベン・バーナンキ氏、そして、ウィーン大学（オーストリア）のアントン・ツァイリンガー教授の3人である。

3. 「ベルの等式」は、すべての現象や実験結果を十分に説明できるとされる古典物理学に基づくものである一方、「量子のもつれ」は「ベルの等式」が破れることによって、古典物理学とは異なる特性を示す。

4. 量子力学は、これまでの古典物理学とは異なる特性を有しており、これまでの物理学や、これまでの常識的な考え方では説明できなかった分野を扱うことが可能となる。

5. 「量子もつれ」がもたらす可能性として量子コンピュータや新たな暗号通信などが挙げられる。この技術はすでに何十年も利用されており、その成果がノーベル賞受賞につながった。

1. 2022年ノーベル物理学賞は、物質を構成する原子や電子に関する「量子力学」の分野で、**「量子エラー」**という現象が起こることを理論や実験で説明し、量子情報科学（量子コンピュータ）という新たな分野の創造につながる大きな貢献をしたのが受賞の理由である。
   ×量子もつれが正しい。複雑な内容なので、用語だけでも確認しよう。

2. 2022年ノーベル物理学賞の受賞者は、パリ・サクレー大学（フランス）のアラン・アスペ教授、クラウザー研究所（アメリカ）の**ベン・バーナンキ**氏、そして、ウィーン大学（オーストリア）のアントン・ツァイリンガー教授の3人である。
   ×ジョン・クラウザー博士が正しい。なお、ベン・バーナンキ氏は「金融危機における銀行の役割」に関し、ノーベル経済学賞を受賞している。

3. **「ベルの等式」**は、すべての現象や実験結果を十分に説明できるとされる古典物理学に基づくものである一方、「量子のもつれ」は**「ベルの等式」**が破れることによって、古典物理学とは異なる特性を示す。
   ×ベルの不等式が正しい。　　　×ベルの不等式が正しい。

4. 量子力学は、これまでの古典物理学とは異なる特性を有しており、**これまでの物理学や、これまでの常識的な考え方では説明できなかった分野を扱うことが可能**となる。→〇今後、量子力学が様々な分野で活用されることが予想される。用語確認はしておこう。

5. 「量子もつれ」がもたらす可能性として量子コンピュータや新たな暗号通信などが挙げられる。この**技術はすでに何十年も利用されており**、その成果がノーベル賞受賞につながった。
   ×ようやく実用化に向けて動き出した段階である。

正解　4

重要度 A

6 バイオ燃料

))) ここがポイント (((

近年、注目されてきている「バイオ燃料」の特徴を理解しよう。その注目されてきている背景や、今後の課題や問題点などの考察が重要となる。

1. 概要

バイオ燃料とは、生物資源（植物や動物など）である**バイオマスを原料**とする燃料である。太陽光や風力、水力、地熱などの**再生可能エネルギーの一つ**である。石油や石炭、天然ガスなどの化石燃料と違って、繰り返し（再生）使用できる。バイオ燃料を使用した場合でも二酸化炭素（CO_2）が発生する。しかし、植物はそのCO_2を吸収して成長し、再び、バイオマス原料を再生産させるため、大気中のCO_2は増加しない（**カーボンニュートラル**）。

【バイオ燃料】

カーボンニュートラルが成り立つ条件

①一定期間にバイオ燃料を使用して排出される二酸化炭素（CO_2）排出速度
≦
②一定期間にバイオ燃料の原料により吸収される二酸化炭素（CO_2）吸収速度
②が①を上回ることが絶対条件

2．バイオ燃料の種類

・バイオエタノール（自動車などの燃料）
・バイオディーゼル（ディーゼルエンジン用）
・バイオジェット燃料（航空燃料用）
・バイオガス（発電や熱供給などに）

3．カーボンニュートラルとしてのバイオ燃料

バイオ燃料は、**カーボンニュートラル**となるため、**ＳＤＧｓ**（持続可能な開発目標）の目標7「エネルギーをみんなにそしてクリーンに」や目標13「気候変動に具体的な対策を」に寄与する。

しかし、バイオエタノールの原料は**トウモロコシ（デンプン質原料）**や**サトウキビ（糖質原料）**などの**農産物**である。バイオ燃料としてのトウモロコシの生産が増加し、食料用や飼料用の**需給が逼迫**するという弊害が生じた。また、トウモロコシの生産量を増加させるため、山林を伐採して耕地することで、**カーボンニュートラルが成り立たない事例**が発生している。

4．バイオ燃料の将来性

経済産業省の「第6次エネルギー基本計画（令和3年10月）」によると、2035年を目標に**乗用車新車販売の電動化率を100％にする**とされている。バイオ燃料で発電する電気と乗用車以外の脱炭素燃料使用車の導入により今後の将来性が期待されている。環境省は、脱炭素社会構築に資するために「令和4年度脱炭素社会を支えるプラスチック等資源循環システム構築実証事業」において、**バイオ燃料を用いた省ＣＯ$_2$型ジェット燃料の製造**などを推進している。

問題 **バイオ燃料**

次の記述のうち、最も妥当なのはどれか。

1. バイオ燃料とはバイオマスを原料とする燃料であり、バイオマスを原料として得られるエネルギーをバイオマスエネルギーという。これは太陽光、風力、火力、原子力、地熱などと同様に再生可能エネルギーの一つである。

2. 植物は光合成によりCO_2を吸収して成長し、バイオマス燃料を再生産させる。そのため大気中のCO_2は増加しないといえ、いわゆるカーボンニュートラルの実現が果たされることが期待できる。

3. バイオ燃料としてのトウモロコシの生産が増加し、食料用や飼料用の需給が逼迫した。また、トウモロコシの生産量を増加させるため、山林を伐採して耕地することで、カーボンニュートラルが成り立つ事例がある。

4. 経済産業省の「第6次エネルギー基本計画（令和3年10月）」によると、2035年を目標にすべての既存自動車の電動化率を100%にするとされている。

5. 環境省は、脱炭素社会構築に資するために「令和4年度脱炭素社会を支えるプラスチック等資源循環システム構築実証事業」において、バイオ燃料を用いた省CO_2型ガソリンの製造などを推進している。

解答・解説

1. バイオ燃料とはバイオマスを原料とする燃料であり、バイオマスを原料として得られるエネルギーをバイオマスエネルギーという。これは太陽光、風力、**火力、原子力**、地熱などと同様に再生可能エネルギーの一つである。
×火力と原子力は再生可能エネルギーではないので注意。

2. 植物は光合成によりCO_2を吸収して成長し、バイオマス燃料を再生産させる。そのため大気中のCO_2は増加しないといえ、いわゆるカーボンニュートラルの実現が果たされることが期待できる。
→○正しい。ここでカーボンニュートラル(温室効果ガスの排出量と吸収量を均衡させること)の意味も確認しよう。

3. バイオ燃料としてのトウモロコシの生産が増加し、食料用や飼料用の需給が逼迫した。また、トウモロコシの生産量を増加させるため、山林を伐採して耕地することで、カーボンニュートラルが**成り立つ**事例がある。
×成り立たないが正しい。トウモロコシの耕地確保のために山林伐採が進められており、CO_2の吸収・均衡にならない。

4. 経済産業省の「第6次エネルギー基本計画(令和3年10月)」によると、2035年を目標に**すべての既存自動車**の電動化率を100%にするとされている。
×乗用車新車販売が正しい。

5. 環境省は、脱炭素社会構築に資するために「令和4年度脱炭素社会を支えるプラスチック等資源循環システム構築実証事業」において、バイオ燃料を用いた省CO_2型**ガソリン**の製造などを推進している。
×ジェット燃料が正しい。

| 正解 | 2 |

7 はやぶさ2（生命の起源：水、アミノ酸）

> **ここがポイント**
>
> 2014年から2030年代に至るまで続く日本の宇宙事業で成果を上げる「はやぶさ2」の特徴を理解しよう。「はやぶさ2」が成し遂げた成果から生命の起源についての考察が重要となる。

1．概要

はやぶさ2は2014年に打ち上げられ、2019年に地球から約2.4億km（太陽・地球間距離は1.5億km）離れた小惑星**リュウグウ**に2回着地してサンプルを採取した。分析結果によって、太陽系形成前から現在に至る様々な情報を保持している可能性や、**アミノ酸などの有機物や水の存在が確認された。**

【リュウグウの現在の位置】

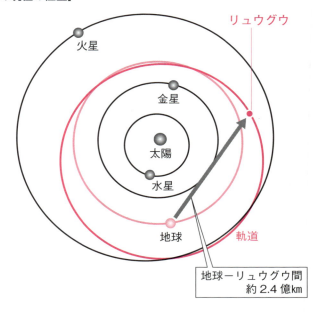

2．生命の起源

　生命の起源には、地球上で有機分子を生み出す「地球説」と、宇宙で生成されたアミノ酸を地球に運び生命と結びつく「パンスペルミア（地球外）説」が代表的な考えとされている。生命の起源に関する研究や仮設は、科学的なものだけではなく、宗教や超自然的な説明など多様なものが存在する。この点、はやぶさ２の持ち帰ったサンプルが、**生命の起源を解明する可能性**を秘めている。

3．「地球説」と「パンスペルミア（地球外）説」

　生命の起源を説明する「地球説」は、ロシアの科学者アレクサンドル・イヴァノヴィッチ・オパーリンが1920年に発表した。初期地球の大気中の成分が、有機分子となり、それが海洋に蓄えられて濃厚なスープを作ったと説明した。その後、アメリカの科学者スタンリー・ミラーは、1953年にユーリー・ミラーの実験によって、生体を構成する有機物が、無機物やメタンなどから直接に生成できることを実験によって証明した。その一方、「パンスペルミア（地球外）説」は、地球に落下した隕石の中に有機物が含まれているとする説である。はやぶさ２のサンプルの分析結果が、この２大仮説に結論をだす可能性がある。

4．はやぶさ２の拡張ミッション

　2020年12月6日、はやぶさ２はサンプルの入ったカプセルを地球に向けて分離した後、そのまま**航行を続けており**、現在「拡張ミッション」に移行している。2026年に小惑星2001CC21へのフライバイ、2031年に小惑星1998KY26へ接近して観察することを予定している。

【2001AV43あるいは1998KY26を目指す意義】

> （1）太陽系長期航行技術の進展
> （2）高速自転小型小惑星探査の実現
> （3）Planetary Defenseに資する科学と技術の獲得

問題 はやぶさ２（生命の起源：水、アミノ酸）

次の記述のうち、最も妥当なのはどれか。

1. はやぶさ２は2014年に打ち上げられ、2019年には地球から1.5億kmも離れた小惑星リュウグウに２回着陸してサンプルを回収した。なお、太陽・地球間は2.4億kmとさらに離れている。
2. はやぶさ２が持ち帰ったサンプルを採取・分析したところ、太陽系形成前から現在に至るまでの様々な情報が判断できる可能性や、アミノ酸などの無機物や水の存在が確認された。
3. 生命の起源には、地球上で無機分子を生み出す「地球説」と、宇宙で生成されたアミノ酸を地球に運び生命と結びつく「パンスペルミア（地球外）説」が代表的な考えとされている。
4. 「地球説」では、地球に落下した隕石の中に無機物が含まれていることが知られており、はやぶさ２のサンプルの分析結果が、この仮説に結論をだす可能性がある。
5. 2020年12月6日、はやぶさ２はサンプルの入ったカプセルを地球に向けて分離した後、そのまま航行を続けており、現在「拡張ミッション」に移行している。2026年に小惑星2001CC21へのフライバイ、2031年に小惑星1998KY26へ接近して観察することを予定している。

解答・解説

1. はやぶさ2は2014年に打ち上げられ、2019年には**地球から1.5億kmも離れた小惑星リュウグウ**に2回着陸してサンプルを回収した。なお、**太陽・地球間は2.4億km**とさらに離れている。
   ×太陽・地球間は1.5億kmであり、今回のリュウグウはそれよりも遠い2.4億kmにある。

2. はやぶさ2が持ち帰ったサンプルを採取・分析したところ、太陽系形成前から現在に至るまでの様々な情報が判断できる可能性や、**アミノ酸などの無機物**や水の存在が確認された。
   ×アミノ酸などは有機物といい、この有機物や水があると生物が存在する可能性がある。

3. 生命の起源には、地球上で**無機分子**を生み出す「地球説」と、宇宙で生成されたアミノ酸を地球に運び生命と結びつく「パンスペルミア(地球外)説」が代表的な考えとされている。
   ×有機分子が正しい。肢2にあるように、生命の存在があったか確認するには「有機物」「有機分子」が重要となる。

4. 「**地球説**」では、地球に落下した隕石の中に**無機物**が含まれていることが知られており、はやぶさ2のサンプルの分析結果が、この仮説に結論をだす可能性がある。
   ×パンスペルミア(地球外)説が正しい。　×有機物が正しい。

5. 2020年12月6日、はやぶさ2はサンプルの入ったカプセルを地球に向けて分離した後、そのまま航行を続けており、現在「拡張ミッション」に移行している。2026年に小惑星2001CC21へのフライバイ、2031年に小惑星1998KY26へ接近して観察することを予定している。
   →○正しい。はやぶさ2は、サンプルの入ったカプセルを分離した後、さらに航行を続けていることを覚えておこう。

正解　5

重要度 **B**

8 代替タンパク質

>> ここがポイント <<

環境問題や持続可能な食料生産システムに関心が高まる中、世界中で需要が高まっている「代替タンパク質」の特徴を理解しよう。その注目されてきている背景や、今後の課題や問題点などの考察が重要となる。

1．概要

代替タンパク質とは、動物性タンパク質に似せて**人工的に作られたタンパク質**である。**持続可能な食料生産システム**に関心が高まる中、世界中で代替タンパク質の需要が高まっている（例として代替肉）。主な素材も多岐にわたっており、植物系や藻類系、昆虫系、微生物系、細胞培養系などがあり、**年々市場規模が拡大**している。

【注目される代替タンパク質】

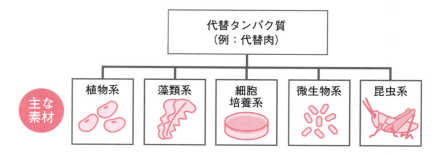

2．背景

人口増加に伴う食肉需要の増加によって、将来的なタンパク質の不足が懸念されている。また、畜産業が地球温暖化など環境問題に影響を与えているのでは、という声も挙がっている。さらに、消費者の健康志向、倫理的、信条の観点から代替タンパク質市場が拡大しているのである。

3．脱炭素社会と代替タンパク質の関連

　前述のとおり近年の代替タンパク質の需要拡大の背景として、畜産業の「環境」と「健康」に関する課題点が挙げられる。具体的には環境に関して、メタンなどの温室効果ガスの排出量が多いこと、さらに家畜排せつ物の中のリンや窒素により水質汚染が広がるなど地球環境負荷に懸念がある。また、健康に関して、肥満や栄養不足、農薬等の健康被害などが懸念される。これらの課題を解決させるために、人にとって必要な栄養素を**「安全でサスティナブル（持続可能）に生産可能な食品」**によって摂取することが求められている。

4．代替タンパク質の将来性

　代替タンパク質が増加することは、ＳＤＧｓ（持続可能な開発目標）の目標1「貧困をなくそう」、目標2「飢餓をゼロに」、目標9「産業と技術革新の基盤をつくろう」、目標15「陸の豊かさを守ろう」に寄与する。また、社会課題の解決以外に消費者の健康志向や宗教、信条的な問題の解決の可能性を秘めている。しかし、今後の課題点として、代替タンパク質の価格と生産コスト及び人工的に製造された食品への消費者の受容度が懸念される。世界的に代替タンパク質の市場が拡大する中、日本のものづくりへの安全性や信頼性を持って、海外市場へ積極的に進出できる分野である。

第1章　自然科学

問題 **代替タンパク質**

次の記述のうち、最も妥当なのはどれか。

1. 代替タンパク質とは、植物性タンパク質に似せて人工的に作られたタンパク質である。持続可能な食料生産システムに関心が高まる中、世界中で代替タンパク質の需要が高まっている。

2. 代替タンパク質の代表例は代替肉であり、大豆や小麦、えんどう豆などの植物から作る場合が多い。それ以外にも代替タンパク質について、藻類や昆虫類、細胞類、今までと異なる動物を家畜化するなど、様々なものを原料としている。

3. 代替タンパク質の需要拡大の要因は、家畜の放牧地や飼料となる作物の耕作地への転用による森林減少に歯止めを掛け、温室効果ガスを削減することにあり、近年の世界人口と食肉需要の増加などとは直接関係がない。

4. 代替タンパク質の需要拡大に伴い、畜産業の「環境」と「健康」を解決させるために、人にとって必要な栄養素を「安全でサスペンション（持続可能）に生産可能な食品」によって摂取することが求められている。

5. 今後の代替タンパク質の課題点として、価格と生産コスト及び人工的に製造された食品への消費者の受容度が懸念される。

解答・解説

1. 代替タンパク質とは、**植物性タンパク質**に似せて人工的に作られたタン
×動物性タンパク質が正しい。こういう入れ替え問題には注意しよう。
パク質である。持続可能な食料生産システムに関心が高まる中、世界中
で代替タンパク質の需要が高まっている。

2. 代替タンパク質の代表例は代替肉であり、大豆や小麦、えんどう豆など
の植物から作る場合が多い。それ以外にも代替タンパク質について、藻
類や昆虫類、細胞類、**今までと異なる動物を家畜化するなど**、様々なも
のを原料としている。
×代替タンパク質は「家畜由来の食品に代わるたんぱく源」という定義
もあり、家畜は含まない。

3. 代替タンパク質の需要拡大の要因は、家畜の放牧地や飼料となる作物の
耕作地への転用による森林減少に歯止めを掛け、温室効果ガスを削減す
ることにあり、**近年の世界人口と食肉需要の増加などとは直接関係がな
い**。
×近年の世界人口の増加も要因の一つ。2050年には今の2倍のタンパク質が
世界で必要になると言われている。

4. 代替タンパク質の需要拡大に伴い、畜産業の「環境」と「健康」を解決させ
るために、人にとって必要な栄養素を「安全で**サスペンション**(持続可
能)に生産可能な食品」によって摂取することが求められている。
×サスティナブルが正しい。SDGsという表現も併せて再確認しよう。

⑤. 今後の代替タンパク質の課題点として、価格と生産コスト及び人工的に
製造された食品への消費者の受容度が懸念される。

→〇正しい。価格や健康へのリスクへの心配、原料が昆虫などの場合の心理的抵抗感などもある。

第1章 自然科学

正解　　5

重要度 C

9 給電を必要としない電解反応

> **ここがポイント**
>
> 従来の化学反応との違いから、今回の電解反応の特徴を理解しよう。その違いから得られるメリットとデメリットを理解し、課題や問題点などを考察することが重要となる。

1．概要

東京工業大学の研究チームは、電解液の送液により生じるエネルギーを利用して機械などを動かすという手法を開発した。この手法は、有害かつ危険な試薬を用いないため、環境負荷の低いクリーンな化学反応として期待されている。また、電力が届かない環境などにおいて給電(機械などに電力を送りこむこと)せずに利用できるようになるということも期待される。

2．背景

国連が掲げる、**SDGs（持続可能な開発目標）**が求められる今日において、環境・エネルギー問題の解決に向けた取り組みが必要とされている。**環境負荷の小さな電源開発**が世界中で研究されている。

3．従来の化学反応(ボルタ電池)のメカニズム

従来の化学反応として、ボルタ電池では、正極の銅板よりイオン化傾向の**大きな金属**である負極の亜鉛板が溶解する。そのとき亜鉛板で発生した**電子**が**正極の銅板に移動し電気が流れる**。正極の銅板に水素イオンと流れてきた電子がくっつき水素を発生させ、しだいに電子が流れることを妨害してしまい、電圧が低下する。

【ボルタ電池模式図】

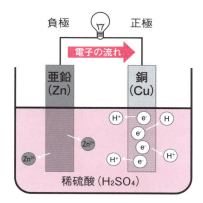

4．従来の化学反応と今回の電解反応法の違い

　水の電気分解において、電解液に挿入した電極に電気エネルギーを加えることにより、**陽極で酸化反応（酸素発生）、陰極で還元反応（水素発生）**が生じる。これは有機化合物にも適用でき、本質的に**外部からの給電を必要としない電解反応**である。

【給電を必要としない電解反応】

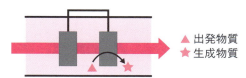

・危険な試薬は不要
・送液エネルギー利用
・給電も不要

5．今後の課題点及び将来性

　課題点として、電源装置の導入や配線の煩わしさなどがあるが、環境に配慮したエネルギー開発に貢献できると期待されている。また、一般的な生物が生育できない**極限環境**などにおいて利用される可能性を秘めている。

問題 給電を必要としない電解反応

次の記述のうち、最も妥当なのはどれか。

1. 東京工業大学の研究チームは、電解液の送液により生じるエネルギーを利用して無機化合物の電解反応を駆動する手法を開発した。これにより、有害かつ危険な試薬を用いない、環境負荷の低い化学反応として期待される。

2. 従来の化学反応として、ボルタ電池では、正極の銅板よりイオン化傾向の小さな金属である負極の亜鉛板が溶解する。

3. ボルタ電池は正極の銅板に酸素イオンと流れてきた電子がくっつき、それが酸素となり、次第に電子が流れるのを妨害するようになり、電圧が低下する。

4. 水の電気分解において、電解液に挿入した電極に電気エネルギーを加えることにより、陽極で還元反応（水素発生）、陰極で酸化反応（酸素発生）が生じる。

5. 電解液の送液により生じるエネルギーを利用して有機化合物の電解反応を駆動する手法の課題点として、電源装置の導入や配線の煩わしさなどがあるが、環境に配慮したエネルギー開発に貢献できると期待されている。また、一般的な生物が生育できない極限環境などにおいて利用される可能性を秘めている。

解答・解説

1. 東京工業大学の研究チームは、電解液の送液により生じるエネルギーを利用して**無機化合物**の電解反応を駆動する手法を開発した。これにより、有害かつ危険な試薬を用いない、環境負荷の低い化学反応として期待される。
×有機化合物が正しい。これにより、有用物質を生産することも可能になる。

2. 従来の化学反応として、ボルタ電池では、正極の銅板よりイオン化傾向の**小さな**金属である負極の亜鉛板が溶解する。
×大きな、が正しい。両極のイオン化傾向の差が大きい方が起電力が大きくなる。

3. ボルタ電池は正極の銅板に**酸素イオン**と流れてきた電子がくっつき、それが**酸素となり**、次第に電子が流れるのを妨害するようになり、電圧が低下する。
×水素イオンが正しい。
×水素となり、が正しい。

4. 水の電気分解において、電解液に挿入した電極に電気エネルギーを加えることにより、陽極で**還元反応（水素発生**）、陰極で**酸化反応（酸素発生）**が生じる。
×酸化反応（酸素発生）が正しい。　×還元反応（水素発生）が正しい。

5. 電解液の送液により生じるエネルギーを利用して有機化合物の電解反応を駆動する手法の課題点として、電源装置の導入や配線の煩わしさなどがあるが、環境に配慮したエネルギー開発に貢献できると期待されている。また、一般的な生物が生育できない極限環境などにおいて利用される可能性を秘めている。→〇正しい。新しい技術であり可能性が広がっているといえる。

正解　5

重要度 C

10 2022年ノーベル化学賞（クリックケミストリー）

ここがポイント

2022年ノーベル化学賞の「クリックケミストリー」とはどんな現象でなぜ受賞に至ったのかを理解しよう。その理論がどう社会に活用されるのかについての考察が重要となる。

1. 授賞理由と受賞者

クリックケミストリーは、様々な機能をもつ分子を合成するとき、複雑な化学合成を用いなくて、**簡単に短時間に化学合成を可能にする手法**である。ベルトのバックルのようなパーツを組み合わせ、カチッと結合させるようなシンプルな化学反応である。複雑な分子同士を結合させ、創薬分野における新薬開発などに用いられ、広く社会に貢献をしたのが受賞の理由である。受賞者は、スクリプス研究所（アメリカ）のバリー・シャープレス教授とコペンハーゲン大学（デンマーク）のモルテン・メルダル教授、スタンフォード大学（アメリカ）のキャロリン・ベルトッツィ教授の3人である。

2. クリックケミストリーとは

結合させたい2つの有機化合物の両方に、ベルトのバックルのようなパーツで簡単に結合を可能にさせる方法である。

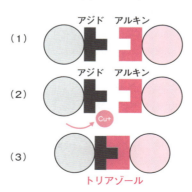

３．クリックケミストリーの実例

　クリックケミストリーの代表的な反応は、「**1,2,3－トリアゾール**」の化学反応である。1,2,3－トリアゾールは β-ラクタマーゼ阻害薬であるタゾバクタム（抗生物質）などの複雑な物質を作る構成要素となる。まず、結合させたい２つの分子に、それぞれ「**アジド基**」と「**アルキニル基**」という官能基をつける。これがシートベルトの差し込みと受けの役目を果たす。両者の距離が近づけばカチッとつながり、強固な共有結合によって１つの分子になる。

$$R_1 \!-\! N \!=\! N^+ \!=\! N^- \quad + \quad {=\!=\!=} \!-\! R_2$$

$$\xrightarrow{\text{Cu(I)}}$$

４．今後の活用が期待される分野

・クリックケミストリーを利用した薬剤デリバリー
・クリックケミストリーを利用した炭水化物誘導体
・クリックケミストリーを利用したDNA修復

問題 **2022年ノーベル化学賞**
（クリックケミストリー）

次の記述のうち、最も妥当なのはどれか。

1. クリックケミストリーは、様々な機能をもつ分子を合成するとき、複雑な化学合成を用いなくて、簡単に短時間に化学分解を可能にする手法で、2022年ノーベル化学賞を受賞した。

2. ベルトのバックルのようなパーツを組み合わせ、カチッと結合させるシンプルな化学反応であるクリックケミストリーは、複雑な分子同士を結合させ、創薬分野における新薬開発などに用いられ、広く社会に貢献をした。

3. クリックケミストリーの代表的な反応は「1,2,3－トリアゾール」の化学反応である。これは「アジド基」と「アルキニル基」という2つを細かく分解し、強固な共有結合によって1つの分子になるようにするものである。

4. クリックケミストリーは元々その物質に存在する「アジド基」と「アルキニル基」を結合させる方法であり、ごく一部の物質にしか起こらない反応である。

5. クリックケミストリーの今後の活用が期待されるのは、薬剤デリバリーや炭水化物誘導体、ＤＮＡ分解の分野である。

解答・解説

1. クリックケミストリーは、様々な機能をもつ分子を合成するとき、複雑な化学合成を用いなくて、簡単に短時間に**化学分解**を可能にする手法で、2022年ノーベル化学賞を受賞した。
×化学合成が正しい。なおクリックはカチッとはまるときの音が語源である。

2. ベルトのバックルのようなパーツを組み合わせ、カチッと結合させるシンプルな化学反応であるクリックケミストリーは、複雑な分子同士を結合させ、創薬分野における新薬開発などに用いられ、広く社会に貢献をした。→○正しい。新薬開発などで社会貢献を果たしている。

3. クリックケミストリーの代表的な反応は「1,2,3－トリアゾール」の化学反応である。これは「アジド基」と「アルキニル基」という**2つを細かく分解し**、強固な共有結合によって1つの分子になるようにするものである。
×2つがシートベルトの差込みと受けのようにカチッとつながるのである。

4. クリックケミストリーは**元々その物質に存在する**「アジド基」と「アルキニル基」を結合させる方法であり、**ごく一部の物質にしか起こらない**反応である。
×2つの分子に「アジド基」と「アルキニル基」という部品のようなものを装着させるようなイメージ。
×さまざまな物質に利用可能。

5. クリックケミストリーの今後の活用が期待されるのは、薬剤デリバリーや炭水化物誘導体、**DNA分解**の分野である。
×DNA修復が正しい。壊れたDNAを再生できるのではと期待されている。

第1章 自然科学

正解 2

LEC東京リーガルマインド 2024年版 公務員試験 時事のトリセツ
②自然科学・情報

重要度 A

11 遺伝子組み換え表示制度改正

ここがポイント

2023年に制度改正された点を理解しよう。制度が改正された背景や、今後の課題や問題点などの考察をすることが重要となる。

1．概要

安全性が確認された**遺伝子組み換え作物**とその加工食品についての食品表示基準が「**遺伝子組み換え表示制度**」である。この制度には、「**義務表示**」と「**任意表示**」があり、2023年4月1日から「任意表示」が新しい制度に改正された。

【義務表示と任意表示の違い】

① 義務表示
　　遺伝子組み換え農作物を使用している場合に、「遺伝子組み換え」などの表示をする義務
② 任意表示
　　遺伝子組み換え農作物を使用していない場合に、「遺伝子組み換えでない」などの表示が可能。

2．遺伝子組み換え表示制度とは

他の生物の有用な性質を持つ遺伝子を、その性質を持たせたい別の植物などの細胞の遺伝子に組み込み、新しい性質をもたせたものを、遺伝子組み換え食品という。遺伝子組み換え表示制度とはそれらの**食品の表示ルール**である。

【遺伝子組み換えによる育種】

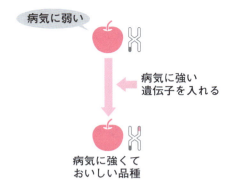

3．遺伝子組み換え表示制度の改正ポイント

　「**義務表示**」となっているのは、①大豆②とうもろこし③ばれいしょ④なたね⑤綿実⑥アルファルファ⑦てん菜⑧パパイヤ⑨からしな、の9品目とそれらを原材料にした加工品33品目である。今回は義務表示に関する変更はなされていない。新制度では、**「任意表示」における「遺伝子組換えでない」は一切混入がない場合のみ表示可能**と改正された。
　また、分別生産流通管理（遺伝子組み換え農作物とそうでないものが、相互に混入しないように管理し、証明されるもの）をして意図しない混入を5%以下に抑えているものは**「適切に分別生産流通管理された」**旨の表示が可能になった。

4．遺伝子組み換え食品の展望

　遺伝子組み換え食品の最大の利点は、**収穫量の増加**が可能になることにある。作物を生育させるには、いかに**栄養源を確保**するかが条件となる。したがって、除草剤に強い遺伝子を組み込むことによって、除草剤を散布させると、生育させたい作物のみに栄養を行き渡せることが可能となる。しかし、農薬散布による健康被害や遺伝子組み換え食品への**安全性に疑問視**する人も多く存在する。また、遺伝子組み換え植物や生物によって、**生態系を崩す可能性**がある。遺伝子組み換え生物等の使用について、生物の多様性へ悪影響が及ぶことを防ぐために、「遺伝子組み換え生物等の使用等の規制による生物の多様性の確保に関する法律」（通称「**カルタヘナ法**」）についての関連法案もある。

問題 遺伝子組み換え表示制度改正

次の記述のうち、最も妥当なのはどれか。

1. 安全性が確認された遺伝子組み換え作物とその加工食品について、食品表示基準が「遺伝子組み換え表示制度」である。この制度には、「義務表示」と「任意表示」があり、2023年4月1日から「義務表示」が新しい制度に改正された。

2. 他の生物の有用な性質を持つ遺伝子を、その性質を持たせたい別の植物などの細胞の遺伝子に組み込み、新しい性質を持たせたものを、遺伝子組み換え食品という。

3. 遺伝子組み換えは、その生物がもともと持っていて、どのような働きをするかが分かっている遺伝子を狙って切断などして変える手法をいう。

4. 新しい遺伝子組み換え表示制度では、「任意表示」について、これまで「意図しない混入が5%以下の場合」にはその旨記載していたが、今後はそれらもすべて「遺伝子組み換えでない」と広く表記できることとなった。

5. 遺伝子組み換え食品の最大の利点は、収穫量を増加させることにあるが、遺伝子組み換え植物や生物によって、生態系を崩す可能性がある。遺伝子組み換え生物等の使用について、生物の多様性へ悪影響が及ぶことを防ぐために、「遺伝子組み換え生物等の使用等の規制による生物の多様性の確保に関する法律」（通称「カルタグラ法」）についての関連法案もある。

解答・解説

1. ~~1.~~ 安全性が確認された遺伝子組み換え作物とその加工食品について、食品表示基準が「遺伝子組み換え表示制度」である。この制度には、「義務表示」と「任意表示」があり、2023年4月1日から「**義務表示**」が新しい制度に改正された。
×任意表示が正しい。義務表示は変更されていないので注意。

2. 他の生物の有用な性質を持つ遺伝子を、その性質を持たせたい別の植物などの細胞の遺伝子に組み込み、新しい性質を持たせたものを、遺伝子組み換え食品という。 →○正しい。遺伝子組み換え食品の定義は確認しよう。

3. ~~3.~~ 遺伝子組み換えは、その生物が**もともと持っていて**、どのような働きをするかが分かっている遺伝子を狙って**切断などして変える手法**をいう。
×これはゲノム編集と呼ばれる。遺伝子組み換えと異なるので注意を。

4. ~~4.~~ 新しい遺伝子組み換え表示制度では、「任意表示」について、**これまで**「意図しない混入が5%以下の場合」にはその旨記載していたが、**今後はそれらもすべて「遺伝子組み換えでない」と広く表記**できることとなった。
×今回の改正で「遺伝子組み換えでない」と記載できる場合がより厳格になったと理解しておこう。

5. ~~5.~~ 遺伝子組み換え食品の最大の利点は、収穫量を増加させることにあるが、遺伝子組み換え植物や生物によって、生態系を崩す可能性がある。遺伝子組み換え生物等の使用について、生物の多様性へ悪影響が及ぶことを防ぐために、「遺伝子組み換え生物等の使用等の規制による生物の多様性の確保に関する法律」（通称「**カルタグラ法**」）についての関連法案もある。
×カルタヘナ法が正しい。

| 正解 | 2 |

12 犬と猫のマイクロチップ情報登録

ここがポイント

2022年に整備された法律の特徴を理解しよう。整備された背景や、今後の課題や問題点などについて考察することが重要となる。

1．概要

2022年6月1日から、「動物の愛護及び管理に関する法律」（通称「**動物愛護管理法**」）に基づき、ブリーダーやペットショップ等で販売される犬や猫について、マイクロチップの装着とその情報の登録が義務化された。

2．マイクロチップ情報登録制度の目的

マイクロチップ情報登録制度によって、**逸走時の犬や猫の返還率の向上**や**返還効率化**、**管理責任の明確化**を通じた適正飼育の推進を目的としている。

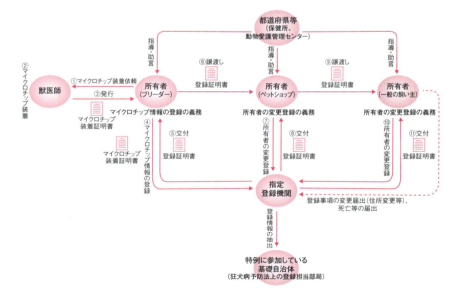

3．背景

　犬や猫のマイクロチップ装着が義務化された背景には、2011年の東日本大震災発生があったとされる。すなわち、震災時に多くの犬や猫が自治体などに保護された。民間団体で装着されていたマイクロチップや迷子札、鑑札が装着されている犬や猫以外は飼い主に届けるのに困難を要したのが背景である。また、近年の社会問題である「飼育放棄」や「遺棄」などを未然に防止する働きもある。

4．「動物の愛護及び管理に関する法律」（通称「動物愛護管理法」）

　「動物の愛護と管理に関する法律」では、「5つの自由（①飢え・渇きからの自由、②不快からの自由、③恐怖・抑圧からの自由、④本来の行動がとれる自由、⑤痛み・負傷・病気からの自由）」を、**すべての動物の取り扱いにおける基本理念**としている。この「**5つの自由**」は**国際的に認められている理念**である。

【5つの自由】

飢え・渇きからの自由	動物にとって食餌はとても大切です。動物の種類や健康状態にあった適切なフードを与え、水は新鮮なものがいつでも飲めるようにしましょう
痛み・負傷・病気からの自由	けがや病気の場合には適切な治療を受けさせましょう。日頃から病気の予防を心掛け、健康状態をチェックしましょう
不快からの自由	清潔で安全で快適な飼養場所を用意して、動物が快適に過ごせるようにしましょう
本来の行動がとれる自由	それぞれの動物が本能や個性に合った動物本来の行動がとれるように工夫しましょう
恐怖・抑圧からの自由	動物が恐怖や抑圧を受けないように、また、精神的な苦痛や不安の兆候を示さないように的確な対応をとりましょう

出典：環境省ホームページ（https://www.env.go.jp/nature/dobutsu/aigo/2_data/pamph/h2810a/pdf/04.pdf）

問題 犬と猫のマイクロチップ情報登録

次の記述のうち、最も妥当なのはどれか。

1. 2022年6月1日からいわゆる動物愛護管理法により、ブリーダーやペットショップなどで販売される犬に限定し、マイクロチップの装着が努力義務となった。

2. マイクロチップ情報登録制度によって、逸走時の犬や猫の返還率の向上や返還効率化、管理責任の明確化を通じた適正保管の推進を目的としている。

3. 犬や猫のマイクロチップ装着が義務化された背景には、1995年の阪神・淡路大震災があったとされる。震災時に多くの犬や猫が自治体などに保護された。民間団体で装着されていたマイクロチップや迷子札、鑑札が装着されている犬や猫以外は飼い主に届けるのに困難を要したのが背景とされる。

4. マイクロチップ装着とその情報の登録を義務化することによって、社会問題である「飼育放棄」や「遺棄」などを未然に防止する働きもある。

5. 「動物の愛護と管理に関する法律」では、「5つの自由（①飢え・渇きからの自由、②不快からの自由、③恐怖・抑圧からの自由、④本来の行動がとれる自由、⑤痛み・負傷・病気からの自由）」を、犬や猫に限った動物の取り扱いにおける基本理念としている。

解答・解説

1. 2022年6月1日からいわゆる動物愛護管理法により、ブリーダーやペットショップなどで販売される**犬に限定し**、マイクロチップの装着が
×猫も対象となる。
努力義務となった。
×努力義務でなく義務化。

2. マイクロチップ情報登録制度によって、逸走時の犬や猫の返還率の向上や返還効率化、管理責任の明確化を通じた**適正保管**の推進を目的としている。
×適正飼育が正しい。近年の飼育放棄や遺棄を防ぐという意味合いもある。

3. 犬や猫のマイクロチップ装着が義務化された背景には、**1995年の阪神・淡路大震災があった**とされる。震災時に多くの犬や猫が自治体などに保
×2011年の東日本大震災後。
護された。民間団体で装着されていたマイクロチップや迷子札、鑑札が装着されている犬や猫以外は飼い主に届けるのに困難を要したのが背景とされる。

4. マイクロチップ装着とその情報の登録を義務化することによって、社会問題である「飼育放棄」や「遺棄」などを未然に防止する働きもある。
→〇正しい。肢2の解説にあるように、飼育放棄・遺棄などの社会問題を未然に防止するという意味合いもある。

5. 「動物の愛護と管理に関する法律」では、「5つの自由（①飢え・渇きからの自由、②不快からの自由、③恐怖・抑圧からの自由、④本来の行動がとれる自由、⑤痛み・負傷・病気からの自由）」を、**犬や猫に限った**動物の取り扱いにおける基本理念としている。
×すべての、が正しい。マイクロチップは犬と猫についてだが、5つの自由という基本理念はすべての動物にあてはまる。

| 正解 | 4 |

13 感染症法における感染症の分類

> **ここがポイント**
>
> 2023年に新型コロナウイルス感染症の位置づけが変更された特徴を理解しよう。その変更された背景や、今後の課題や問題点などの考察が重要となる。

1．概要

感染症法では、感染症について感染力や感染した場合の重篤性などを総合的に勘案し1〜5類等に分類している。**新型コロナウイルス感染症**の位置づけは、これまで、「**新型インフルエンザ等感染症（2類相当）**」とされていたが、2023年5月8日から「**5類感染症**」に移行した。

2．新型インフルエンザ等感染症（2類相当）と 5類感染症の主な違い

(1) 感染症法に基づく、新型コロナ陽性者及び濃厚接触者の外出自粛は求められなくなる。
(2) 限られた医療機関でのみ受診可能であったのが、幅広い医療機関において受診可能になる。
(3) 医療費等について、健康保険が適用され1割から3割は自己負担であることが基本となるが、一定期間は公費支援を継続する。

	新型インフルエンザ等感染症	5類感染症
発生動向	・法律に基づく届出等から、患者数や死亡者数の総数を毎日把握・公表 ・医療提供の状況は自治体報告で把握	・定点医療機関からの報告に基づき、毎週月曜日から日曜日までの患者数を公表 ・様々な手法を組み合わせた重層的なサーベイランス（抗体保有率調査、下水サーベランス研究等）
医療体制	・入院措置等、行政の強い関与 ・限られた医療機関による特別な対応	・幅広い医療機関による自律的な通常の対応 ・新たな医療機関に参画を促す
患者対応	・法律に基づく行政による患者の入院措置・勧告や外出自粛（自宅待機）要請 ・入院・外来医療費の自己負担分を公費支援	・政府として一律に外出自粛要請はせず ・医療費の1割〜3割を自己負担　入院医療費や治療薬の費用を期限を区切り軽減
感染対策	・法律に基づき行政が様々な要請・関与をしていく仕組み ・基本的対処方針や業種別ガイドラインによる感染対策	・国民の皆様の主体的な選択を尊重し、個人や事業者の判断に委ねる ・基本的対処方針等は廃止。行政は個人や事業者の判断に資する情報提供を実施
ワクチン	・予防接種法に基づき、特例臨時接種として自己負担なく接種	・令和5年度においても、引き続き、自己負担なく接種 ○高齢者など重症化リスクが高い方等：年2回（5月〜、9月〜） ○5歳以上のすべての方：年1回（9月〜）

出典：厚生労働省ホームページ（https://www.mhlw.go.jp/stf/corona5rui.html）

3．感染症法の対象となる感染症の分類と考え方

分類	規定されている感染症	分類の考え方
一類感染症	エボラ出血熱、ペスト、ラッサ熱等	感染力及び罹患した場合の重篤性からみた危険性が極めて高い感染症
二類感染症	結核、SARS、MERS、鳥インフルエンザ(H5N1、H7N9)等	感染力及び罹患した場合の重篤性からみた危険性が高い感染症
三類感染症	コレラ、細菌性赤痢、腸チフス等	特定の職業への就業によって感染症の集団発生を起こし得る感染症
四類感染症	狂犬病、マラリア、デング熱等	動物、飲食物等の物件を介してヒトに感染する感染症
五類感染症	インフルエンザ、性器クラミジア感染症等	国が感染症発生動向調査を行い、その結果等に基づいて必要な情報を国民一般や医療関係者に提供・公開していくことによって、発生・まん延を防止すべき感染症
新型インフルエンザ等感染症	新型インフルエンザ、再興型インフルエンザ、新型コロナウイルス感染症、再興型コロナウイルス感染症	・インフルエンザ又はコロナウイルス感染症のうち新たに人から人に伝染する能力を有することとなったもの ・かつて世界的規模で流行したインフルエンザ又はコロナウイルス感染症であってその後流行することなく長期間が経過しているもの
指定感染症	※政令で指定	現在感染症法に位置付けられていない感染症について、1〜3類、新型インフルエンザ等感染症と同等の危険性があり、措置を講ずる必要があるもの
新感染症		人から人に伝染する未知の感染症であって、り患した場合の症状が重篤であり、かつ、まん延により国民の生命及び健康に重大な影響を与えるおそれがあるもの

出典：厚生労働省ホームページ (https://www.mhlw.go.jp/content/10906000/000957753.pdf)

4．今後の課題

・「有事」から「平時」のワクチンへの切り替えへの国民の関心度
・検査や入院などの費用の一部自己負担になった場合の受診控えへの懸念
・医療機関への病床確保の問題
・全数把握から定点把握による変異株の発生をどのように監視するのか
・基本的な感染防止策として持続可能な感染対策をどう定着させるか

►MEMO

問題 **感染症法における感染症の分類**

次の記述のうち、最も妥当なのはどれか。

1. 感染症法では、感染症について感染力や感染した場合の重篤性などを総合的に勘案し1〜6類等に分類し、感染拡大を防止するために行政が講ずることができる対策を定めている。

2. 新型コロナウイルス感染症の位置づけは、これまで、「新型インフルエンザ等感染症（2類相当）」としていたが、2023年5月8日から「5類感染症」に移行した。

3. 新型コロナウイルス感染症の2類相当から5類相当への変更ポイントとして、感染症法に基づく、新型コロナ陽性者及び濃厚接触者の外出自粛は求められる。

4. 新型コロナウイルス感染症の2類相当から5類相当への変更ポイントとして、限られた医療機関でのみ受診可能であったのが、全ての医療機関において受診可能になる。

5. 新型コロナウイルス感染症の2類相当から5類相当への変更によって、定点把握から全数把握に移行した中、変異株の発生をどのように監視するのかが今後の課題である。

解答・解説

1. 感染症法では、感染症について感染力や感染した場合の重篤性などを総合的に勘案し**1〜6類等**に分類し、感染拡大を防止するために行政が講ずることができる対策を定めている。
×1〜5類等が正しい。新型コロナウイルス感染症は5類に移行したことを確認しておこう。

2. 新型コロナウイルス感染症の位置づけは、これまで、「新型インフルエンザ等感染症（2類相当）」としていたが、2023年5月8日から「5類感染症」に移行した。→○正しい。肢1の解説にあるとおり、2類から5類移行を確認。

3. 新型コロナウイルス感染症の2類相当から5類相当への変更ポイントとして、感染症法に基づく、新型コロナ陽性者及び濃厚接触者の外出自粛は**求められる**。
×求められなくなる、が正しい。5類移行により、インフルエンザと同様の対応となる。

4. 新型コロナウイルス感染症の2類相当から5類相当への変更ポイントとして、限られた医療機関でのみ受診可能であったのが、**全ての**医療機関において受診可能になる。
×幅広い、が正しい。「全ての」ではない点に注意。

5. 新型コロナウイルス感染症の2類相当から5類相当への変更によって、**定点把握から全数把握**に移行した中、変異株の発生をどのように監視するのかが今後の課題である。
×全数把握から定点把握。

正解　2

重要度 A

14 アルツハイマー病新薬（レカネマブ）

ここがポイント

日本とアメリカの製薬会社が共同で開発したアルツハイマー病の新薬（レカネマブ）についての特徴を理解しておこう。社会に与える影響力や、今後の課題や問題点などの考察が重要となる。

1．概要

日本とアメリカの製薬会社が共同で開発したアルツハイマー病の原因物質に直接働きかける新薬（レカネマブ）について、厚生労働省は**国内で初めて使用を認めることを了承**した。また、認知症を発症する前の「軽度認知障害」の患者やアルツハイマー病の**発症後早い段階での使用も了承**した。

2．アルツハイマー病とは

アルツハイマー病は、認知症の原因となる病気の一つである。「アミロイドβ」と呼ばれる**異常なタンパク質が蓄積**され、これにより神経細胞が障害され、次第に**脳が委縮する**と考えられている。

3．認知症の種類

アルツハイマー型認知症以外に認知症の原因となる病気は、脳血管性認知症やレビー小体型認知症などが存在する。

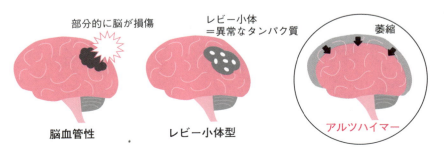

4．レカネマブのメカニズム

　レカネマブは凝集した「アミロイドβ」に結合して蓄積を防ぎ、取り除くことで、症状の進行を抑えることができる。

　アルツハイマー病には根本的な治療薬がまだない。ただ、近年、製薬企業が開発している抗体医薬品「レカネマブ」の治験で一定の効果が出たことが明らかになった。

　アルツハイマー病の原因の一つとして考えられているものの一つが、アミロイドβというたんぱく質である。

　レカネマブはこの凝集したアミロイドβに結合して蓄積を防ぎ、脳からの排出を促進することによって、認知機能の維持に効果があるとされている。

5．レカネマブの課題

- 治療の対象（早期のアルツハイマー病が対象。症状が進行している方は対象外に）
- 医療費（高額になるおそれ）
- 副作用

問題 アルツハイマー病新薬（レカネマブ）

次の記述のうち、最も妥当なのはどれか。

1. 日本とアメリカの製薬会社がアルツハイマー病の原因物質に直接働きかける新薬を共同開発した。これはアルツハイマー病の原因物質に直接働きかけ取り除くための薬としては、数年ぶりに国内で承認された。

2. アルツハイマー病は、認知症の原因となる病気の一つであり、「アミロイドβ」と呼ばれる異常なタンパク質が溶解し、これにより神経細胞が障害され、次第に脳が委縮すると考えられている。

3. アルツハイマー型認知症以外に、認知症の原因となる病気は、脳血管性認知症やレビー小体型認知症などが存在する。

4. アルツハイマー病の新薬であるレカネマブは、溶解した「アミロイドβ」に結合して蓄積を防ぎ、脳からの排出を助ける働きがある。

5. アルツハイマー病の新薬であるレカネマブの課題として、副作用、治療の対象、医療費の問題がある。なお、治療の対象として、厚生労働省は、認知症を発症する前の「軽度認知障害」の患者やアルツハイマー病の発症後遅い段階での使用も了承した。

解答・解説

1. 日本とアメリカの製薬会社がアルツハイマー病の原因物質に直接働きかける新薬を共同開発した。これはアルツハイマー病の原因物質に直接働きかけ取り除くための薬としては、**数年ぶりに国内で承認された。**

×原因物質に直接働きかけ取り除くための薬が国内で承認されるのは初めてである。初めてのものについては、しっかり確認しておく必要がある。

2. アルツハイマー病は、認知症の原因となる病気の一つであり、「アミロイドβ」と呼ばれる異常なタンパク質が**溶解し**、これにより神経細胞が障害され、次第に脳が委縮すると考えられている。

×蓄積が正しい。異常なタンパク質が蓄積することで悪影響を生じさせている。

3. アルツハイマー型認知症以外に、認知症の原因となる病気は、脳血管性認知症やレビー小体型認知症などが存在する。

→○正しい。名称だけは確認しておこう。

4. アルツハイマー病の新薬であるレカネマブは、**溶解**した「アミロイドβ」に結合して蓄積を防ぎ、脳からの排出を助ける働きがある。

×凝集が正しい。レカネマブは凝集したアミロイドβと結合して体外に排出させる薬である。

5. アルツハイマー病の新薬であるレカネマブの課題として、副作用、治療の対象、医療費の問題がある。なお、治療の対象として、厚生労働省は、認知症を発症する前の「軽度認知障害」の患者やアルツハイマー病の発症後**遅い**段階での使用も了承した。

×早い段階が正しい。レカネマブは早期段階にのみ効果があるとされている。

正解	3

重要度 **C**

15 2022年ノーベル生理学・医学賞（人類の進化）

(((**ここがポイント**)))

2022年ノーベル生理学・医学賞の「人類の進化」とはどんな理論でなぜ受賞に至ったのかを理解しよう。その理論がどう社会に活用されるのかという考察が重要となる。

1．授賞理由と受賞者

絶滅した人類の遺伝情報を解析する技術を確立し、人類の進化に関する研究で大きな貢献をしたのが受賞の理由である。受賞者は、マックス・プランク研究所（ドイツ）及び**沖縄科学技術大学院大学（日本）に在籍するスバンテ・ペーボ博士**である。

2．人類の進化

「人類はどこから来たのか、どのようにして現在の人類へと進化をしたのか。」という人類の進化のなぞを、世界各地の異なる年代の生物遺骸からDNAを採取し増幅させる**PCR**（ポリメラーゼ連鎖反応）法などで人類の進化の研究における新しいアプローチを確立させた。その結果、ホモ・サピエンスはネアンデルタール人の遺伝情報の一部を受け継いでいることを突き止め、ホモ・サピエンスとネアンデルタール人とで**種が交わっていた可能性を明らか**にした。

3．PCR（ポリメラーゼ連鎖反応）法

新型コロナウイルスの感染拡大にともない、感染を確かめる検査法として注目を集めたPCR検査（**PCR法**）は、顕微鏡で見ることができない**微量の病原体（検体）**の有無を調べる方法である。

正式には、酵素である耐熱性ポリメラーゼを用いて、操作時の反応温度を変化させることにより、極少量のDNA（デオキシリボ核酸）もしくはRNA（リボ核酸）の特定の配列を倍々で増加させる方法である。正式名称は「**ポリメ**

60　LEC東京リーガルマインド　2024年版 公務員試験 時事のトリセツ
②自然科学・情報

ラーゼ連鎖反応法」という。

DNAは二重らせん構造をとっており、そこに4種類の塩基である**アデニン（A）**、**チミン（T）**、**グアニン（G）**、**シトシン（C）**が相補的に結合して、その構造を維持する性質がある。PCR法はその特性に着目し、温度変化と耐熱性ポリメラーゼを活用してDNAを増幅させる方法である。

4．PCR（ポリメラーゼ連鎖反応）法の長所

・簡便かつ迅速に特定のDNA配列を増幅できる
・一度に多量のサンプルをPCRに用いることができる
・少量のDNAでPCRができる
・実験の再現性が高い

5．PCR（ポリメラーゼ連鎖反応）法の活用

・骨中の微量のDNAから古代人の特徴を調査
・DNA鑑定などの犯罪捜査
・イネゲノム解析などの各種生物のゲノム解析
・臨床診断分野における試薬類等のキット化
・コロナウイルスなど感染確認のため

問題 **2022年ノーベル生理学・医学賞
（人類の進化）**

次の記述のうち、最も妥当なのはどれか。

1. 2022年ノーベル生理学・医学賞は、現在の人類の遺伝情報を解析する技術を確立し、人類の進化に関する研究で大きな貢献をしたのが受賞の理由である。受賞者は、マックス・プランク研究所（ドイツ）及び沖縄科学技術大学院大学（日本）に在籍するスバンテ・ペーボ博士である。

2. スバンテ・ペーボ博士は、「人類はどこから来たのか、どのようにして現在の人類へと進化をしたのか。」という人類の進化のなぞを、世界各地の同じ年代の生物遺骸からDNAを採取し増幅させるPCR（ポリメラーゼ連鎖反応）法などで人類の進化をひもとく新しいアプローチを確立させた。

3. スバンテ・ペーボ博士の研究で、ホモ・サピエンスはネアンデルタール人の遺伝情報の一部を受け継いでいることを突き止め、ホモ・サピエンスとネアンデルタール人とで種が交わっていた可能性を明らかにした。

4. 新型コロナウイルスの感染拡大にともない、感染を確かめる検査法として注目を集めたPCR法は、顕微鏡で見ることができる微量の病原体（検体）の有無を調べる方法である。

5. PCR（ポリメラーゼ連鎖反応）法の長所として、複雑な作業は必要であるものの迅速に特定のDNA配列を増幅でき、実験の再現性が高いこととされる。

解答・解説

1. 2022 年ノーベル生理学・医学賞は、**現在の**人類の遺伝情報を解析する
   <u>×絶滅した人類が正しい。</u>
   技術を確立し、人類の進化に関する研究で大きな貢献をしたのが受賞の
   理由である。受賞者は、マックス・プランク研究所（ドイツ）及び沖縄科
   学技術大学院大学（日本）に在籍するスバンテ・ペーボ博士である。

2. スバンテ・ペーボ博士は、「人類はどこから来たのか、どのようにして
   現在の人類へと進化をしたのか。」という人類の進化のなぞを、世界各地
   の**同じ**年代の生物遺骸からＤＮＡを採取し増幅させるＰＣＲ（ポリメ
   <u>×異なる、が正しい。さまざまな場所のさまざまな年代を研究している。</u>
   ラーゼ連鎖反応）法などで人類の進化をひもとく新しいアプローチを確
   立させた。

3. スバンテ・ペーボ博士の研究で、ホモ・サピエンスはネアンデルタール
   人の遺伝情報の一部を受け継いでいることを突き止め、ホモ・サピエン
   スとネアンデルタール人とで種が交わっていた可能性を明らかにした。
   →○正しい。

4. 新型コロナウイルスの感染拡大にともない、感染を確かめる検査法とし
   て注目を集めたＰＣＲ法は、顕微鏡で見ることが**できる**微量の病原体
   （検体）の有無を調べる方法である。
   <u>×できない、が正しい。ＰＣＲ法はウイルスなど顕微鏡では見ることができない「ナノレベル」の物質を調べる方法である。</u>

5. ＰＣＲ（ポリメラーゼ連鎖反応）法の長所として、**複雑な作業は必要であ
   るものの**迅速に特定のＤＮＡ配列を増幅でき、実験の再現性が高いこと
   <u>×簡便な作業、が正しい。</u>
   とされる。

| 正解 | 3 |

重要度 A

16 エルニーニョ・ラニーニャ現象

>>> **ここがポイント** <<<

地球環境を考える上で欠かせない「エルニーニョ・ラニーニャ現象」の特徴を理解しよう。日本に及ぼす影響を理解し、課題や問題点などの考察が重要となる。

1. 概要

エルニーニョ現象は、南米ペルー沖の海域の海面水温が平年よりも高い状態が長期間続く現象をいい、日本周辺では冷夏及び暖冬となる。それに対して、ラニーニャ現象は、エルニーニョ現象の逆で、南米ペルー沖の海域の海面水温が平年よりも低い状態が長期間続く現象をいい、日本周辺では暑夏及び寒冬となる。

2. エルニーニョ現象のメカニズム

エルニーニョ現象が発生すると、西太平洋熱帯域の海面水温が低下し、西太平洋熱帯域で積乱雲の活動が不活発となる。したがって、日本付近では、夏季は**太平洋高気圧の張り出しが弱く**なり、**気温が低く**なる。冬季は**西高東低の気圧配置が弱まり**、**気温が高く**なる。

【エルニーニョ現象の状態】

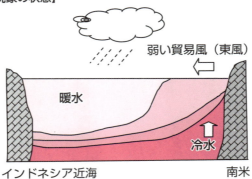

3. ラニーニャ現象のメカニズム

ラニーニャ現象が発生すると、西太平洋熱帯域の海面水温が上昇し、西太平洋熱帯域で積乱雲の活動が活発となる。したがって、日本付近では、夏季は**太平洋高気圧が北に張り出しやすくなり、気温が高くなる**。冬季は西高東低の**気圧配置が強まり、気温が低く**なる。

【ラニーニャ現象の状態】

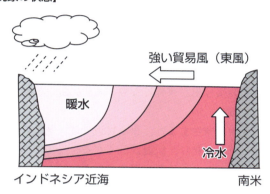

4. エルニーニョ・ラニーニャ現象の語源

エルニーニョはスペイン語で「男の子」を意味し、ラニーニャはスペイン語で「女の子」を意味する。

問題 **エルニーニョ・ラニーニャ現象**

次の記述のうち、最も妥当なのはどれか。

1. エルニーニョ現象は、南米ペルー沖の海域の海面水温が平年よりも低い状態が長期間続く現象をいい、日本周辺では冷夏及び暖冬となる。

2. ラニーニャ現象は、エルニーニョ現象の逆で、南米ペルー沖の海域の海面水温が平年よりも高い状態が長期間続く現象をいい、日本周辺では暑夏及び寒冬となる。

3. エルニーニョ現象が発生すると、西太平洋熱帯域の海面水温が低下し、積乱雲の活動が活発になる。そして、日本付近では、夏季には太平洋高気圧の張り出しが強くなり、気温が高くなる。一方で冬は、気温が低くなる。

4. ラニーニャ現象が発生すると、日本付近では、夏季には太平洋高気圧の張り出しが弱くなり、気温が低くなる。一方で冬は、西高東低の気圧配置が弱くなり、気温が平年よりも高くなる。

5. エルニーニョはスペイン語で「男の子」を意味し、ラニーニャはスペイン語で「女の子」を意味する。

解答・解説

~~1.~~ エルニーニョ現象は、南米ペルー沖の海域の海面水温が平年よりも**低い**
×高い、が正しい。ラニーニャ現象と入れ替えられても判断できるようにしよう。
状態が長期間続く現象をいい、日本周辺では冷夏及び暖冬となる。

~~2.~~ ラニーニャ現象は、エルニーニョ現象の逆で、南米ペルー沖の海域の海
面水温が平年よりも**高い**状態が長期間続く現象をいい、日本周辺では暑
×低い、が正しい。
夏及び寒冬となる。

~~3.~~ エルニーニョ現象が発生すると、西太平洋熱帯域の海面水温が低下し、
積乱雲の活動が**活発になる**。そして、日本付近では、**夏季には太平洋高**
×水温が低いと積乱雲は不活発になる。
気圧の張り出しが強くなり、気温が高くなる。一方で冬は、気温が低く

なる。×これはラニーニャ現象の特徴である。

~~4.~~ ラニーニャ現象が発生すると、日本付近では、夏季には太平洋高気圧の

張り出しが弱くなり、気温が低くなる。一方で冬は、**西高東低の気圧配**
×ラニーニャ現象では太平洋高気圧の張り出しが強く高温になる。
置が弱くなり、気温が平年よりも高くなる。
×ラニーニャ現象は冬場は西高東低の気圧配置が強く、気温が平均よりも低くなる。

⑤ エルニーニョはスペイン語で「男の子」を意味し、ラニーニャはスペイン

語で「女の子」を意味する。→○正しい。

第1章 自然科学

正解	5

17 線状降水帯

ここがポイント

近年の異常気象の一つとして、日本の各地で発生している「線状降水帯」の特徴を理解しよう。そのメカニズムと対策などを考察することが重要となる。

1．概要

気象庁は、線状降水帯について、「次々と発生する発達した雨雲（積乱雲）が列をなした、組織化した積乱雲群によって、数時間にわたってほぼ同じ場所を通過または停滞することで作り出される、線状に伸びる長さ50～300km程度、幅20～50km程度の強い降水をともなう雨域」と定義している。

2．線状降水帯のメカニズム

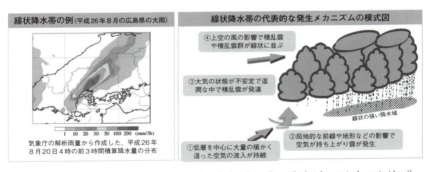

出典：気象庁ホームページ（https://www.jma.go.jp/jma/kishou/know/bosai/kishojoho_senjoukousuitai.html）

３．顕著な大雨に関する情報

「避難情報に関するガイドライン」（内閣府（防災担当））の改定（2021 年 5 月）では、住民は「**自らの命は自らが守る**」意識を持ち、**自らの判断で避難行動をとる**との方針が示された。この方針に沿って自治体や気象庁等から発表される防災情報を用いて住民がとるべき行動を直感的に理解しやすくなるよう、**５段階の警戒レベルを明記**して防災情報が提供される。

【警戒レベル】

レベル１：災害への心構えを高める
レベル２：避難行動の確認（ハザードマップなど）
レベル３：危険な場所から高齢者などは避難
レベル４：危険な場所から全員避難
レベル５：命を守るための最善の行動を取る

４．線状降水帯がもたらす災害への対処法（情報収集方法）

・キキクル（気象庁）
・あなたの街の防災情報（気象庁）
・重ねるハザードマップ（国土交通省）
・NHKのニュース・防災（ＮＨＫ）

問題 **線状降水帯**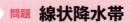

次の記述のうち、最も妥当なのはどれか。

1. 線状降水帯は、「次々と発生する発達した雨雲(積乱雲)が列をなした、組織化した積乱雲群によって、数時間にわたってほぼ同じ場所を通過または停滞することで作り出される、線状に伸びる長さ50～300km程度、幅20～50km程度の強い降水をともなう雨域」と定義される。
2. 「避難情報に関するガイドライン」(内閣府(防災担当))の改定(2021年5月)では、住民は「自らの命は自らが守る」意識を持ち、行政の判断で避難行動をとるとの方針が示された。
3. 自治体や気象庁等から発表される防災情報を用いて住民がとるべき行動を直感的に理解しやすくなるよう、4段階の警戒レベルを明記して防災情報が提供される。
4. 「避難情報に関するガイドライン」(内閣府(防災担当))の改定(2021年5月)において、「避難指示」は「避難勧告」に移行した。
5. 線状降水帯などがもたらす災害への対処法(情報収集方法)として、「キキクル(気象庁)」や「あなたの街の防災情報(気象庁)」、「重ねるハザードマップ(気象庁)」などがある。

解答・解説

1. 線状降水帯は、「次々と発生する発達した雨雲（積乱雲）が列をなした、組織化した積乱雲群によって、数時間にわたってほぼ同じ場所を通過または停滞することで作り出される、線状に伸びる長さ50〜300km程度、幅20〜50km程度の強い降水をともなう雨域」と定義される。

→〇正しい。線状降水帯の定義は確認しておこう。

2. 「避難情報に関するガイドライン」（内閣府（防災担当））の改定（2021年5月）では、住民は「自らの命は自らが守る」意識を持ち、**行政**の判断で避難行動をとるとの方針が示された。

×自ら、が正しい。近年、防災において「自助」も重要とされている。

3. 自治体や気象庁等から発表される防災情報を用いて住民がとるべき行動を直感的に理解しやすくなるよう、**4段階**の警戒レベルを明記して防災情報が提供される。

×5段階が正しい。細かい内容はともかく、何段階あるのかについては確認しておこう。

4. 「避難情報に関するガイドライン」（内閣府（防災担当））の改定（2021年5月）において、**「避難指示」**は**「避難勧告」**に移行した。

×避難勧告は避難指示に移行した。避難勧告では逃げ遅れる人が一定数いたため。

5. 線状降水帯などがもたらす災害への対処法（情報収集方法）として、「キキクル（気象庁）」や「あなたの街の防災情報（気象庁）」、「重ねるハザードマップ（**気象庁**）」などがある。

×(国土交通省)が正しい。気象関係に興味がある国家公務員志望者は特に確認しておこう。

正解　1

重要度 A

18 地震関連（関東大震災から100年）

> **ここがポイント**
>
> 1923年9月1日に発生した「関東大震災」から100年にあたる2023年は、日本各地で地震に備える対策が改めて検討されている。

1．関東大震災の概要

　1923年9月1日11時58分、神奈川県西部を震源とする**マグニチュード7.9の地震**（大正関東地震）が発生した。この地震により、埼玉県、千葉県、東京都、神奈川県、山梨県で**震度6**を観測した。多くの火災が起きて被害が拡大した。また、津波、土砂災害なども発生し、死者・行方不明者は10万5千人余（理科年表より）。この地震によって生じた災害は「**関東大震災**」と呼ばれている。

2．地震のマグニチュードと震度の違い

（1）震度

　各観測地点での**揺れの大きさ**を表すのに震度が使われる。日本の震度階級は気象庁が定めており、現在は0・1・2・3・4・5弱・5強・6弱・6強・7の**10段階**である。
　震度は震央からの距離によって異なり、**一般的に震央から遠くなるほど震度は小さくなる。**
　また、震度が同じ場合、一般的に地盤が軟らかいほど被害は大きくなり、地盤が硬いほど被害は小さくなる。

（2）マグニチュード

　地震の規模そのものを表すものとして**マグニチュード（M）**が使われる。
　マグニチュードが**1大きくなると地震のエネルギーは約32倍**になり、マグニチュードが**2大きくなるとエネルギーは約1,000倍**になる。

3．日本周辺での地震

　陸域の浅い地震は、プレート境界で発生する地震に比べると規模が小さい地震が多いが、人間の居住地域に近いところで発生するため、大きな被害を伴う。

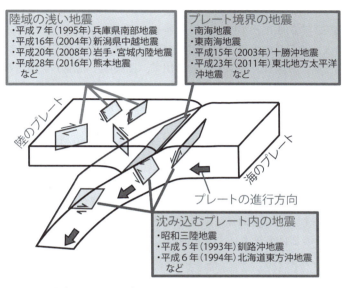

出典：気象庁ホームページ（https://www.data.jma.go.jp/eqev/data/jishin/about_eq.html）

4．緊急地震速報の放送される基準や放送内容

　気象庁は、最大震度が**5弱以上と予想**された場合に、**震度4以上**が予想される地域を対象に**緊急地震速報（警報）を発表**する。2023年2月1日より、発表基準に長周期地震動階級の予想値を追加して提供することとし、**長周期地震動階級3以上を予想した場合でも、緊急地震速報（警報）を発表**している。そして、一般に、気象庁がこの緊急地震速報（警報）を発表すると、対象となった地域に対してテレビやラジオ、携帯端末、防災行政無線などで緊急地震速報が流れる。

問題 地震関連（関東大震災から100年）

次の記述のうち、最も妥当なのはどれか。

1. 1923年9月1日11時58分、神奈川県西部を震源とするマグニチュード7.9の地震（大正関東地震）が発生した。この地震により、埼玉県、千葉県、東京都、神奈川県、山梨県で震度7を観測した。

2. 「震度」は、地震そのものの大きさ（規模）を表すものである。一方、「マグニチュード」は、ある大きさの地震が起きたときの揺れの強さのことを表す。

3. 陸域の浅い地震は、プレート境界で発生する地震に比べると規模が小さい地震が多いが、人間の居住地域に近いところで発生するため、大きな被害を伴うことが多い。

4. 気象庁は、最大震度が5強以上と予想された場合に、震度4以上が予想される地域を対象に緊急地震速報（警報）を発表する。

5. 2023年2月1日より、発表基準に短周期地震動階級の予想値を追加して提供することとし、短周期地震動が3以上を予想した場合でも緊急地震速報を発表している。

解答・解説

~~1.~~ 1923年9月1日11時58分、神奈川県西部を震源とするマグニチュード7.9の地震(大正関東地震)が発生した。この地震により、埼玉県、千葉県、東京都、神奈川県、山梨県で震度**7**を観測した。
×震度6が正しい。当時は震度6までの7段階で判断されていた。

~~2.~~ 「**震度**」は、地震そのものの大きさ(規模)を表すものである。一方、「**マグ**
×マグニチュードが正しい。
ニチュード」は、ある大きさの地震が起きたときの揺れの強さのことを
×震度が正しい。マグニチュードと震度の定義入れ替えは頻出。
表す。

③ 陸域の浅い地震は、プレート境界で発生する地震に比べると規模が小さい地震が多いが、人間の居住地域に近いところで発生するため、大きな被害を伴うことが多い。→○正しい。正しく理解し、正しく備えることが必要である。

~~4.~~ 気象庁は、最大震度が**5強**以上と予想された場合に、震度4以上が予想
×5弱が正しい。震度5弱は固定されていない家具が移動・転倒することがあるレベル。
される地域を対象に緊急地震速報(警報)を発表する。

~~5.~~ 2023年2月1日より、発表基準に**短周期地震動階級**の予想値を追加し
×長周期地震動が正しい。
て提供することとし、**短周期地震動**が3以上を予想した場合でも緊急地
×長周期地震動が正しい。
震速報を発表している。

【補足】

> 長周期地震動とは、大きな地震で生じる、周期(揺れが1往復するのにかかる時間)が長い大きな揺れのことをいう。

正解 **3**

19 アルテミス計画（有人月面着陸）

重要度 B

ここがポイント

アポロ計画後のアメリカの大型宇宙開発事業の特徴を理解しよう。日本が果たす役割など理解し、今後の宇宙開発を平和目的に利用する背景や対策などを考察することが重要となる。

1．概要

アルテミス計画とは、米航空宇宙局（ＮＡＳＡ）が主導する国際協力プロジェクトである。**有人衛星を月周回軌道に乗せ**、2025年以降に**人類を月面に送り込む**ことを目指している。アポロ計画より半世紀以上経過してからの**有人月面着陸**となる。着陸後は持続的な月探査と、その先の有人火星探査まで視野に入れており、これからの**宇宙開発の基盤を構築**することを目標としている。

2．アポロ計画とアルテミス計画

「アルテミス」はギリシャ神話に登場する「月の女神」であり、「アポロ」の双子とされている。1960年代のアポロ計画は、米ソの月への一番乗りが目的であった。しかし、アルテミス計画は「**月に人類の活動拠点を築くこと**」が目的である。2020年10月、**アメリカ、日本、カナダ、イタリア、ルクセンブルク、ＵＡＥ、イギリス、オーストラリア**の8か国が「すべての活動は平和目的のために行われる」ことなどをはじめとした、**アルテミス合意**にサインした。

3．アルテミス計画の日本の役割

・ゲートウェイ（月周回有人拠点）への輸送
・有人与圧ローバ（月面キャンピングカー）
・きぼう船内ドローン
・月面に立つ日本人宇宙飛行士の可能性

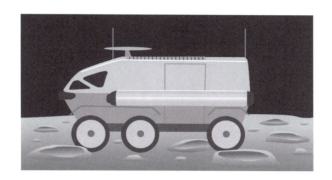

問題 **アルテミス計画（有人月面着陸）**

次の記述のうち、最も妥当なのはどれか。

1. アルテミス計画とは、米航空宇宙局（ＮＡＳＡ）が主導する国際協力プロジェクトである。2025年ごろに有人衛星を月周回軌道に乗せ、2025年以降に人類を月面に送り込むことを目指している。

2. アルテミス計画では、着陸後は持続的な月探査と、その先の無人火星探査まで視野に入れており、これからの宇宙開発の基盤を構築することを目標としている。

3. 「アルテミス」はギリシャ神話に登場する「月の女神」であり、「アポロ」の双子とされている。1960年代のアルテミス計画は、米ソの月への一番乗りが目的であった。しかし、アポロ計画は「月に人類の活動拠点を築くこと」が目的である。

4. 2020年10月、アメリカ、日本、カナダ、イタリア、フランス、ＵＡＥ、イギリス、オーストラリアの8か国が「すべての活動は平和目的のために行われる」ことなどをはじめとした、アルテミス合意にサインした。

5. アルテミス計画の日本の役割として、無人与圧ローバ（月面キャンピングカー）、きぼう船内ドローン、月面に立つ日本人宇宙飛行士の可能性がある。

解答・解説

1. アルテミス計画とは、米航空宇宙局（ＮＡＳＡ）が主導する国際協力プロジェクトである。2025年ごろに有人衛星を月周回軌道に乗せ、2025年以降に人類を月面に送り込むことを目指している。

→○正しい。日本も関わる宇宙計画である。内容を確認しておこう。

2. アルテミス計画では、着陸後は持続的な月探査と、その先の**無人**火星探
×有人火星探査が正しい。はやぶさ２などと違い、月・火星は有人探査まで目標としている。
査まで視野に入れており、これからの宇宙開発の基盤を構築することを目標としている。

3. 「アルテミス」はギリシャ神話に登場する「月の女神」であり、「アポロ」の双子とされている。1960年代の**アルテミス計画**は、米ソの月への一番乗りが目的であった。しかし、**アポロ計画**は「月に人類の活動拠点を築くこと」が目的である。
×計画名が逆である。

4. 2020年10月、アメリカ、日本、カナダ、イタリア、**フランス**、ＵＡＥ、
×ルクセンブルクが正しい。新しい計画・組織については原加盟国を確認することが大切。
イギリス、オーストラリアの８か国が「すべての活動は平和目的のために行われる」ことなどをはじめとした、アルテミス合意にサインした。

5. アルテミス計画の日本の役割として、**無人**与圧ローバ（月面キャンピングカー）、きぼう船内ドローン、月面に立つ日本人宇宙飛行士の可能性がある。
×有人が正しい。

| 正解 | 1 |

20 人新世（人間活動の痕跡が刻まれた新しい地質時代）

重要度 C

ここがポイント

新しく定義された地質年代の区分についての特徴を理解しよう。その定義された背景を理解し、地球環境問題と今後の人類が果たす役割や課題などの考察が重要となる。

1. 概要

人新世は、現在の新生代第四紀「**完新世**」に続く新しい地質年代の区分である。人新世の始まりは、1950年頃と指摘する説があり、米ソの核実験によるプルトニウムやプラスチック、コンクリートなどの**人工物が確認され始めた**。

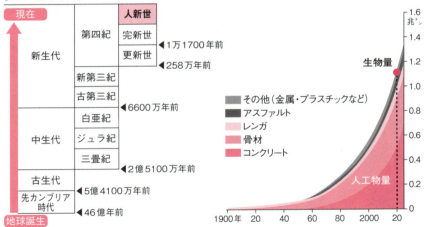

【主な地質時代】　【人工物と生物の総量の関係】

2. 背景

完新世は約1万1700年前から現代まで続くとされてきた地層年代である。しかし、1950年頃から、人類の活発な経済活動や核実験などによって**地球環境が大きく変化し自然のシステムを変化させた**。つまり、人類が地球

の環境を**激変させた時代として「人新世」と定義**された。

3．地球環境問題と人新世の関係

　人類誕生以降に野生生物の絶滅、生物多様性の減少、地球温暖化による気候変動、化学物質などの人工物、核兵器などによって、地球環境は大きく変化している。地球上の、自然環境、生態系などに人類が影響を及ぼした地質年代を「人新世」として捉えてみようという考え方が広まっていった。「新人世」の始まりの起源は、「人類が農耕を開始した時期」と見る考えもあれば、ヨーロッパ人がアメリカ大陸に進出した時期、産業革命が起こった時期、さらには第二次世界大戦後の「**グレートアクセラレーション**」（急速な人口爆発や大規模な都市化、国際化、大量生産大量消費、森林破壊などの環境変化などが急速に起こったことを指す言葉）だと主張する考えなど、さまざまな説がある。

4．人新世がもたらす意味

　地質年代の節目は**生物の絶滅**である。例えば、オルドビス紀やデボン紀、ペルム紀、三畳紀、そして、恐竜の絶滅した白亜紀である。核実験で見られた、人類の環境への破壊は各国の規制などによって、地質に大きな影響がみられる。地質は人類のこれから進むべき道を示す道標となる。

| 問題 | 人新世
（人間活動の痕跡が刻まれた新しい地質時代）

次の記述のうち、最も妥当なのはどれか。

1. 人新世は、現在の新生代第四期「更新世」に続く新しい地質年代の区分である。人新世の開始は1950年頃とし、米ソの核実験によるプルトニウムやプラスチック、コンクリートなどの人工物が確認され始めたとされている。
2. 完新世は約258万年前から現代まで続くとされてきた地層年代である。
3. 人類が地球の環境を改善させた時代として「人新世」と定義された。
4. 地質年代の節目は生物の絶滅である。例えば、オルドビス紀やデボン紀、ペルム紀、三畳紀、そして、恐竜の絶滅したジュラ紀である。
5. 核実験で見られた人類の環境への破壊は、各国の規制などによって、地質に影響が見られる。地質は人類のこれから進むべき道を示す道標となる。

解答・解説

1. 人新世は、現在の新生代第四期「**更新世**」**に続く**新しい地質年代の区分である。人新世の開始は1950年頃とし、米ソの核実験によるプルトニウムやプラスチック、コンクリートなどの人工物が確認され始めたとされている。
   ×完新世に続く、が正しい。地質年代は代表的な部分は覚えてほしい。

2. 完新世は**約258万年前**から現代まで続くとされてきた地層年代である。
   ×約1万年ほど前、が正しい。

3. 人類が地球の環境を**改善**させた時代として「人新世」と定義された。
   ×激変が正しい。人新世は地球環境を大きく変えたのである。

4. 地質年代の節目は生物の絶滅である。例えば、オルドビス紀やデボン紀、ペルム紀、三畳紀、そして、恐竜の絶滅した**ジュラ紀**である。
   ×白亜紀が正しい。恐竜の絶滅時期についてはジュラ紀と白亜紀の入れ替え問題が多く出るため注意しよう。

5. 核実験で見られた人類の環境への破壊は、各国の規制などによって、地質に影響が見られる。地質は人類のこれから進むべき道を示す道標となる。→○正しい。

正解　5

重要度 A

21 環境問題（マイクロプラスチック）

ここがポイント

環境問題に関心が高まる中、世界中で対策が高まっている「マイクロプラスチック」による環境問題の特徴を理解しよう。その背景や、今後の課題や問題点などの考察が重要となる。

1．概要

マイクロプラスチックとは、**大きさが5mm以下の微細なプラスチックごみ**を指す。マイクロプラスチックは、自然に分解されず、海に堆積し続け、環境問題を引き起こす原因となっている。

2．発生原因

マイクロプラスチックの発生原因として、5mm以下の粒子状態で製造されたプラスチックごみは、一次マイクロプラスチックと呼ばれる。一方、廃棄されたプラスチック製品が、細片化したものが、二次マイクロプラスチックと呼ばれる。これらは以下のプラスチックが原因とされている。

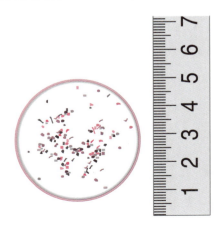

【マイクロプラスチックのもととなる５大プラスチック】

- ポリスチレン（ＰＳ）：ハンガー、食品用トレー、プリンターなど
- 高密度ポリエチレン（ＨＤＰＥ）
   ：バケツ、洗剤ボトル、灯油タンクなど
- 低密度ポリエチレン（ＬＤＰＥ）
   ：レジ袋、ラップ、紙パック飲料などの内外面など
- ポリエチレンテレフレタート（ＰＥＴ）
   ：ペットボトル・卵パックなどの透明な容器・衣類の繊維など
- ポリプロピレン（ＰＰ）
   ：ストロー・ペットボトルキャップ・文具・医療器具など

３．環境への影響

- 海洋汚染、生態系への影響
- 船舶航行への障害、観光・漁業への影響
- マイクロプラスチックを摂取した魚を摂取する人の健康被害

４．マリーン（ＭＡＲＩＮＥ）・イニシアティブ

　2019年大阪Ｇ20サミットにおいて、共通の世界のビジョンとして、2050年までに海洋プラスチックごみによる追加的な汚染をゼロにまで削減することを目指す、「大阪ブルー・オーシャン・ビジョン」を共有した。

　上記の「ビジョン」の実現に向け、日本は途上国の廃棄物管理に関する能力構築及びインフラ整備等を支援していく旨、当時の安倍総理がサミットの場で表明した。

　そして日本政府は、

① 廃棄物管理（Management of Waste）
② 海洋ごみの回収（Recovery）
③ イノベーション（Innovation）を推進
④ 途上国の能力強化（Empowerment）

を支援していく「マリーン（ＭＡＲＩＮＥ）・イニシアティブ」を立ち上げる。この中で、世界において、2025年までに、廃棄物管理人材を10,000人育成すると明言している。

問題 **環境問題（マイクロプラスチック）**

次の記述のうち、最も妥当なのはどれか。

1. マイクロプラスチックとは、大きさが10mm以下の微細なプラスチックごみを指す。

2. マイクロプラスチックは、日常的に使われている製品から発生し、自然に分解されるが、その量が多すぎるあまり、環境問題を引き起こしている。

3. マイクロプラスチックは10ｍｍ以下の粒子状態で製造されたプラスチックごみであり、海洋に廃棄されたプラスチック製品が劣化して、細かくなったものを含め、すべて一次マイクロプラスチックという。

4. 廃棄されたプラスチック製品が、細片化したものが、一次マイクロプラスチックと呼ばれる。

5. 環境問題としてのマイクロプラスチックは、海洋汚染や海洋生物の被害、マイクロプラスチックを摂取した魚を摂取する人の健康被害が想定される。

解答・解説

~~**1.**~~ マイクロプラスチックとは、大きさが**10mm**以下の微細なプラスチックごみを指す。
×5mmが正しい。マイクロプラスチックの大きさは要確認。

~~**2.**~~ マイクロプラスチックは、日常的に使われている製品から発生し、**自然に分解される**が、その量が多すぎるあまり、環境問題を引き起こしている。
×自然に分解されないため、海に堆積し続けてしまう。

~~**3.**~~ マイクロプラスチックは**10mm以下**の粒子状態で製造されたプラスチックごみであり、海洋に廃棄されたプラスチック製品が劣化して、細かくなったものを含め、すべて**一次マイクロプラスチック**という。
×5mm以下が正しい。
×廃棄製品が細かくなったものは二次マイクロプラスチックである。

~~**4.**~~ 廃棄されたプラスチック製品が、細片化したものが、**一次マイクロプラスチック**と呼ばれる。
×二次マイクロプラスチック。

⑤. 環境問題としてのマイクロプラスチックは、海洋汚染や海洋生物の被害、マイクロプラスチックを摂取した魚を摂取する人の健康被害が想定される。→○正しい。

第1章 自然科学

| 正解 | 5 |

LEC東京リーガルマインド 2024年版 公務員試験 時事のトリセツ
②自然科学・情報

87

重要度 **A**

22 脱炭素（カーボンニュートラル）

ここがポイント

近年、注目されてきている「脱炭素（カーボンニュートラル）」の特徴を理解しよう。その注目されてきている背景や、今後の課題や問題点などの考察が重要となる。

1．概要

カーボンニュートラルとは、**温室効果ガスの排出を全体として実質ゼロ**にすることを意味する。「排出を全体としてゼロ」というのは、二酸化炭素をはじめとする温室効果ガスの「**排出量**」から、植林、森林管理などによる「**吸収量**」を差し引いて、**合計を実質的にゼロ**にすることを意味する。

2．背景

近年の気候変動に伴い、今後、**異常気象などのリスクが高まる**ことが予想される。それに伴い、人類を含む生物の生存基盤を揺るがす「気候危機」と言われている。

【1850～1900年を基準とした世界平均気温の変化】

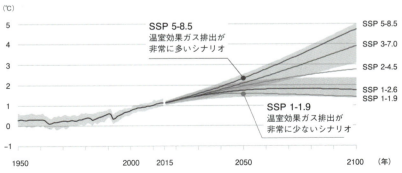

IPCC第6次評価報告書 第1作業部会報告書｜気候変動2021：自然科学的根拠

出典：環境省ホームページ（https://ondankataisaku.env.go.jp/carbon_neutral/about/）

3. カーボンニュートラルへの取組

- 再エネポテンシャル（再生可能エネルギーがまだどのくらい導入可能か）の最大活用による新たな出資
- 住宅・建築物の省エネ導入及び蓄電池等として活用可能なＥＶ（電気自動車）／ＰＨＥＶ（プラグインハイブリッド車）／ＰＣＶ（燃料電池自動車）活用
- 再生可能エネルギー熱や未利用熱、カーボンニュートラル燃料の利用
- 地域特性に応じたデジタル技術も活用した脱炭素化の取組
- ＣＯ₂排出実質ゼロの電気・熱・燃料の融通

4. ロードマップ概要

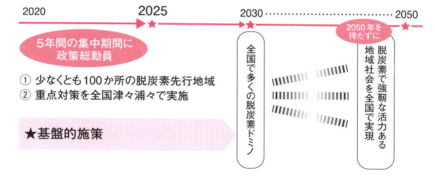

出典：環境省ホームページ（https://ondankataisaku.env.go.jp/carbon_neutral/topics/20210709-topic-06.html）

問題 **脱炭素（カーボンニュートラル）**

次の記述のうち、最も妥当なのはどれか。

1. カーボンニュートラルとは、温室効果ガスの排出を全体としてマイナスにすることを意味する。
2. 「排出を全体としてゼロ」というのは、二酸化炭素をはじめとする温室効果ガスの「吸収量」から、植林、森林管理などによる「排出量」を差し引いて、合計を実質的にゼロにすることを意味する。
3. 近年の気候変動に伴い、今後、異常気象などのリスクが高まることが予想される。そのため、人類を含む生物の生存基盤を揺るがす「気候非常事態」と言われている。
4. カーボンニュートラルへの取組として、再エネポテンシャルの最大活用による追加導入や住宅・建築物の省エネ導入及び蓄電池等として活用可能なＥＶ／ＰＨＥＶ／ＦＣＶ活用、再生可能エネルギー熱や未利用熱、カーボンニュートラル燃料の利用などがある。
5. カーボンニュートラルへの取組として、資源循環の高度化（循環経済への移行）やＣＯ₂排出実質ゼロの電気・熱・燃料の融通、地域の自然資源等を生かした排出源対策等がある。

解答・解説

1. カーボンニュートラルとは、温室効果ガスの排出を全体として**マイナス**にすることを意味する。
   ×実質ゼロが正しい。カーボンニュートラルの定義を確認しておこう。

2. 「排出を全体としてゼロ」というのは、二酸化炭素をはじめとする温室効果ガスの「**吸収量**」から、植林、森林管理などによる「**排出量**」を差し引いて、合計を実質的にゼロにすることを意味する。
   ×排出量が正しい。
   ×吸収量が正しい。植物の光合成をイメージすること。

3. 近年の気候変動に伴い、今後、異常気象などのリスクが高まることが予想される。そのため、人類を含む生物の生存基盤を揺るがす「気候**非常事態**」と言われている。
   ×気候危機が正しい。このような結論・表現を確認しよう。

4. カーボンニュートラルへの取組として、再エネポテンシャルの最大活用による追加導入や住宅・建築物の省エネ導入及び蓄電池等として活用可能なＥＶ／ＰＨＥＶ／ＦＣＶ活用、再生可能エネルギー熱や未利用熱、カーボンニュートラル燃料の利用などがある。→○正しい。

5. カーボンニュートラルへの取組として、資源循環の高度化（循環経済への移行）やＣＯ₂排出実質ゼロの電気・熱・燃料の融通、地域の自然資源等を生かした**排出**源対策等がある。
   ×吸収が正しい。本文で「自然資源等を生かした」とあるので、植物などの光合成を想定できれば正解にたどりつける。

正解　4

重要度 C

23 新学習指導要領

> **ここがポイント**
>
> 時代の変化や子供たちを取り巻く状況、社会のニーズなどを踏まえ、約10年ごとに改訂されている「新学習指導要領」から読み取れる時代の背景を理解しよう。

1．概要

「**学習指導要領**」は、文部科学省が定める教育課程（カリキュラム）の基準であり、全国どこの学校でも、学習指導要領に基づき教育課程（カリキュラム）が編成される。時代の変化や子供たちを取り巻く状況、社会のニーズなどを踏まえ、**約10年ごとに改訂**され、教科書なども学習指導要領の改訂を受け変わる。

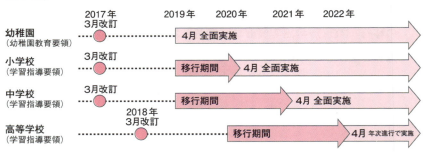

出典：政府広報オンライン「2020年度、子供の学びが進化します！新しい学習指導要領、スタート！」(https://www.gov-online.go.jp/useful/article/201903/2.html)

2．学習指導要領が改訂される理由

社会の変化が激しく、未来の予測が困難な時代の中で、子どもたちには変化を前向きに受け止め、社会や人生を、人間ならではの感性を働かせてより豊かなものにしていくことが期待されている。学校で学ぶことは、社会と切り離されたものではない。**社会の変化を見据えて**、これから生きていくために**必要な資質・能力を踏まえて**学習指導要領を改訂している。

3．新学習指導要領のポイント

新学習指導要領のポイントは、「**外国語教育**」や「**プログラミング教育**」などの充実である。これは、昨今の国際化、デジタル化が影響したものである。

学んだことを
人生や社会に生かそうとする
**「学びに向かう力、
人間性など」**

実際の社会や
生活で生きて働く
「知識及び技能」

未知の状況にも
対応できる
**「思考力、判断力、
表現力など」**

出典：政府広報オンライン「2020年度、子供の学びが進化します！新しい学習指導要領、スタート！」
(https://www.gov-online.go.jp/useful/article/201903/2.html)

4．高等学校学習指導要領の改訂の基本的な考え方

・教育基本法、学校教育法などを踏まえ、これまでの我が国の学校教育の実践や蓄積を活かし、子供たちが未来社会を切り拓くための資質・能力を一層確実に育成。その際、子供たちに求められる資質・能力とは何かを社会と共有し、連携する「**社会に開かれた教育課程**」を重視。

・知識及び技能の習得と思考力、判断力、表現力等の育成のバランスを重視する現行学習指導要領の枠組みや教育内容を維持した上で、知識の理解の質をさらに高め、確かな学力を育成。

・高大接続改革という、高等学校教育を含む初等中等教育改革と、大学教育改革、そして両者をつなぐ大学入学者選抜改革の一体的改革の中で実施される改訂。

問題 新学習指導要領

次の記述のうち、最も妥当なのはどれか。

1. 「学習指導要領」は、文部科学省が定める教育課程（カリキュラム）の基準であり、全国どこの学校でも、学習指導要領に基づき教育課程（カリキュラム）が編成される。時代の変化や子供たちを取り巻く状況、社会のニーズなどを踏まえ、約5年ごとに改訂され、教科書なども学習指導要領の改訂を受け変わる。

2. 社会の変化が激しく、未来の予測が困難な時代の中で、変化を前向きに受け止め、社会や人生を、人間ならではの感性を働かせてより豊かなものにしていくことが期待されている。

3. もともと学校教育は、社会変化と切り離して、一般的な学問の基礎を学ぶものである。しかし、今後は、社会変化に対応できる人材を育成するために必要な能力・資質を伸ばすよう、学習指導要領を改訂する。

4. 新学習指導要領のポイントは、「外国語教育」や「道徳教育」などの充実であり、プログラミングは重視されていない。

5. 高等学校学習指導要領の改訂の基本的な考え方として、高大接続改革という、高等学校教育を含む中等教育改革と、大学教育改革、そして両者をつなぐ大学入学者選抜改革の一体的改革の中で実施される改訂である。

解答・解説

1. 「学習指導要領」は、文部科学省が定める教育課程（カリキュラム）の基準であり、全国どこの学校でも、学習指導要領に基づき教育課程（カリキュラム）が編成される。時代の変化や子供たちを取り巻く状況、社会のニーズなどを踏まえ、約**5年**ごとに改訂され、教科書なども学習指導要領の
×10年。
改訂を受け変わる。

2. 社会の変化が激しく、未来の予測が困難な時代の中で、変化を前向きに受け止め、社会や人生を、人間ならではの感性を働かせてより豊かなものにしていくことが期待されている。→〇正しい。

3. もともと学校教育は、**社会変化と切り離して、一般的な学問の基礎を学**
×学校教育はもともと社会変化を見据えて子どもの成長を促すものである。
ぶものである。しかし、今後は、社会変化に対応できる人材を育成するために必要な能力・資質を伸ばすよう、学習指導要領を改訂する。

4. 新学習指導要領のポイントは、「外国語教育」や「**道徳教育**」などの充実であり、**プログラミングは重視されていない**。
×プログラミング教育も重視されている。

5. 高等学校学習指導要領の改訂の基本的な考え方として、高大接続改革という、高等学校教育を含む**中等教育**改革と、大学教育改革、そして両者
×初等中等教育。
をつなぐ大学入学者選抜改革の一体的改革の中で実施される改訂である。

正解　　2

重要度 B

24 国際卓越研究大学制度

ここがポイント

10兆円規模のファンド(基金)の運用益により支援を受ける「国際卓越研究大学」についての特徴を理解しよう。今後の課題や問題点などの考察が重要となる。

1．概要

海外のトップレベルの大学が近年、豊富な資金を背景に研究力を高めているのに対し、国内では論文の質や量などの低下が指摘されている。こうした中、政府は、大学には**世界トップクラスの研究者の獲得**、**若手研究者の育成**、研究者の**研究時間確保のための負担軽減**などが求められるとして、**ファンド**(基金)を創設。10兆円規模のファンド(基金)の運用益により支援を受ける「**国際卓越研究大学**」を2023年3月末まで公募し国立8校、私立2校が申請した。

【大学ファンドの創設に係るスケジュール(イメージ案)】

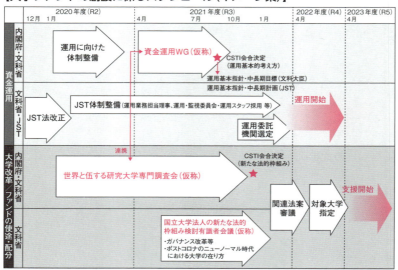

出典：文部科学省ホームページ (https://www.mext.go.jp/content/20210304-mxt_gakkikan-000013198_03.pdf)

2．申請大学（10校）

- 東北大学（2023年9月1日に初めて認定）
- 東京大学
- 名古屋大学
- 京都大学
- 大阪大学
- 九州大学
- 東京工業大学と東京医科歯科大学が統合を目指している「仮称・東京科学大学」
- 筑波大学
- 早稲田大学
- 東京理科大学

3．今後の課題

（1）　長期的かつ安定的な運用益の実現

　大学ファンドの2021年度末の資産構成割合は、グローバル債券が約55％、グローバル株式が約4％、短期資産が約41％である。これらの運用で数年後に3,000億円の**運用益**を稼ぎ、大学に助成できるかの懸念点がある。

（2）　公的資金活用に対する透明性と情報開示の確保

　大学ファンドは**公的な資金**を活用しているため、運用方針や成果について、**国民に適切な情報開示を行う必要性**がある。情報開示によって透明性や信頼性の確保を高めることが求められる。

（3）　異次元の大学改革推進とのシナジー効果

　各大学は国際的な研究成果を創出するための**研究力**や、実効性の高い事業・財務戦略を備え、新たに自律と責任のある**ガバナンス体制**を構築することが求められる。国際卓越研究大学への認定に向けた取組みによって、異次元の大学改革を推進するというシナジー効果が生まれる。その結果、たとえ、運用益から十分な助成が得られなくとも、世界のトップ大学と戦える力を具備できる可能性はある。

問題 **国際卓越研究大学制度**

次の記述のうち、最も妥当なのはどれか。

1. 世界トップレベルの研究者の獲得、若手研究者の育成などを目標に、10兆円規模の税金の投入により支援を受ける「国際卓越研究大学制度」を公募した。

2. 日本のノーベル賞受賞者が多いことからも日本の研究は世界的に評価されており、論文の質・量も十分であるといえる。そして、その日本の大学のブランド化の一環として「国際卓越研究大学制度」が誕生した。

3. 「国際卓越研究大学」に申請した大学10校のうち、東京大学は、2023年9月1日認定された。

4. 「国際卓越研究大学」の今後の課題として、長期的かつ安定的な運用益の実現がある。

5. 「国際卓越研究大学」の今後の課題として、民間資金活用に対する透明性と情報開示の確保や異次元の大学改革推進とのシナジー効果が期待される。

解答・解説

1. 世界トップレベルの研究者の獲得、若手研究者の育成などを目標に、10兆円規模の**税金の投入により支援を受ける**「国際卓越研究大学制度」を公募した。
×ファンド(基金)の運用益により、が正しい。

2. 日本のノーベル賞受賞者が多いことからも日本の研究は世界的に評価されており、**論文の質・量も十分であるといえる**。そして、その日本の大学のブランド化の一環として「国際卓越研究大学制度」が誕生した。
×海外のトップレベルの大学が豊富な資金のもと、研究者・研究力に力を入れている反面、日本では論文の質・量の低下が指摘されている。その問題解決のため今回の制度は制定された。

3. 「国際卓越研究大学」に申請した大学10校のうち、**東京大学**は、2023年9月1日認定された。
×東北大学が正しい。初めて認定された大学は確認しよう。

4. 「国際卓越研究大学」の今後の課題として、長期的かつ安定的な運用益の実現がある。 →〇正しい。

5. 「国際卓越研究大学」の今後の課題として、**民間資金**活用に対する透明性と情報開示の確保や異次元の大学改革推進とのシナジー効果が期待される。
×公的資金活用が正しい。ファンドの元々の資金は公的な資金であるため、国民に対して透明性・公開性が必要となる。

第1章　自然科学

| 正解 | 4 |

25 研究系職員の雇止め

ここがポイント

近年の労働関連法制の改正の特徴と日本の科学技術を支える研究系職員の雇用状況を理解しよう。そこから考えられる、今後の課題や問題点などの考察が重要となる。

1．概要

改正労働契約法（2013年4月）により、通算10年の有期雇用を超えた研究者は無期への転換を求められる。雇用主側（大学側など）はこの求めを断れないため、通算10年を超える前に契約を打ち切られる研究者が多数存在している。これが研究系職員の雇止め問題である。

2．改正労働契約法（無期転換ルール）

無期転換ルールは、同一の使用者（企業）との間で、「有期労働契約が5年を超えて更新された場合」、「**有期契約労働者**（契約社員、アルバイトなど）からの申込み」により、「**期間の定めない労働契約**（無期労働契約）に転換」されるルールである。

＊無期転換ルールの例外（その1）：高度な専門的知識等を有する有期雇用労働者及び定年後引き続き雇用される有期雇用労働者に対する特例については、定年後、無期転換申込権は発生しない。

＊無期転換ルールの例外（その2）：大学等及び研究開発法人等の研究者、教員等に対する特例については、無期転換申込権発生までの期間（原則）5年を10年とする特例が設けられた（2014年4月1日から施行）。

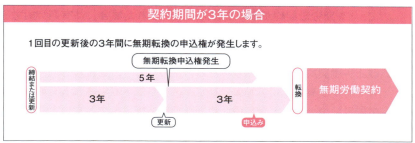

出典：厚生労働省ホームページ（https://www.mhlw.go.jp/stf/newpage_21917.html）

3．大学等及び研究開発法人等の研究者、教員等に対する特例の背景

　大学等及び研究開発法人等の研究者、教員等に対する特例が5年から10年に延長された背景には、2012年ノーベル医学生理学賞を受賞した、山中伸弥氏の影響がある。すなわち、改正労働契約法の施行を受け、有期雇用で働く研究者らが、最長5年しかいられなくなることを危惧したのである。

　多くの大学や研究機関では、有期雇用で働くのは、2004年度の国立大学法人化に伴い大学への運営交付金の減少が考えられる。日本が今後、ノーベル賞を受賞できる研究者を輩出させ、科学技術立国を維持させるには、最先端で研究し続けている研究者に対して雇用面で優遇させることも必要となろう。

問題 研究系職員の雇止め

次の記述のうち、最も妥当なのはどれか。

1. 改正労働契約法（2013年4月）により、通算5年の有期雇用を超えた大学等の研究者は無期への転換を求められる。

2. 改正労働契約法の有期転換ルールは、同一の使用者（企業）との間で、「有期労働契約が5年を超えて更新された場合」、「有期契約労働者（契約社員、アルバイトなど）からの申込み」により、「期間の定めない労働契約（無期労働契約）に転換」されるルールである。

3. 改正労働契約法の無期転換ルールの例外として、高度な専門的知識等を有する有期雇用労働者及び定年後引き続き雇用される有期雇用労働者については、定年後、無期転換申込権は発生しないとされている。

4. 有期契約について、一般的には5年とされる無期転換申込権が、大学等の研究者などは10年で発生するが、有期契約がたとえば3年ごと更新の場合は、無期転換の期間が過ぎる前（9年経過時）に申し込みを行う必要がある。

5. 大学等及び研究開発法人等の研究者、教員等に対する特例が5年から15年に延長された背景には、2012年ノーベル医学生理学賞を受賞した、山中伸弥氏の影響がある。改正労働法の施行を受け、有期雇用で働く研究者らが、最長5年しかいられなくなることを危惧した。

解答・解説

1. 改正労働契約法（2013年4月）により、通算**5年**の有期雇用を超えた大学
等の研究者は無期への転換を求められる。
×10年が正しい。一般的に無期転換ルールは
有期労働契約について5年で適用されるが、
大学等の研究者などは10年とされている。

2. 改正労働契約法の**有期**転換ルールは、同一の使用者（企業）との間で、「有
×無期が正しい。この期間を過ぎる前に理由なく契約更新をしないものを「雇止め」という。
期労働契約が5年を超えて更新された場合」、「有期契約労働者（契約社
員、アルバイトなど）からの申込み」により、「期間の定めない労働契約
（無期労働契約）に転換」されるルールである。

3. 改正労働契約法の無期転換ルールの例外として、高度な専門的知識等を
有する有期雇用労働者及び定年後引き続き雇用される有期雇用労働者に
ついては、定年後、無期転換申込権は発生しないとされている。→○正しい。

4. 有期契約について、一般的には5年とされる無期転換申込権が、大学等
の研究者などは10年で発生するが、有期契約がたとえば3年ごと更新
の場合は、**無期転換の期間が過ぎる前（9年経過時）に申し込み**を行う必
要がある。　×有期労働契約が一定の期間を「過ぎた」ところから
無期転換申込権が発生する。経過前ではないので注意。

5. 大学等及び研究開発法人等の研究者、教員等に対する特例が5年から
15年に延長された背景には、2012年ノーベル医学生理学賞を受賞した、
×10年。
山中伸弥氏の影響がある。改正労働法の施行を受け、有期雇用で働く研
究者らが、最長5年しかいられなくなることを危惧した。

正解　3

重要度 B

26 スポーツ分野（主な大会結果と日本の成績）

ここがポイント

近年、日本のスポーツ分野における世界大会での結果が注目されている。実績が注目されれば競技人口の増加だけでなく、運動人口も増え、健康増進にもつながる。都庁受験者などは要チェック分野である。

1．2022年サッカーワールドカップカタール大会

2022年11月20日から12月18日にかけて、サッカーのワールドカップ・カタール大会が開催された。**中東での開催は初めて**となった。

日本代表は前評判を覆し、ランキング格上のドイツやスペインを破り、グループEを1位で通過し、決勝トーナメントに進出を決めた。ベスト16ではクロアチアに敗れ、**ベスト8には到達できなかった。**

優勝はアルゼンチン（1986年以来36年ぶり3度目）、準優勝はフランス。MVPはリオネル・メッシ選手で、2014年ブラジル大会に続く受賞であり、**歴代初の2回目のMVP受賞**となる。

2．2023年WBCで野球日本代表（侍ジャパン）が優勝

第5回WBC（ワールド・ベースボール・クラシック）が行われ、**日本**が3大会ぶり（14年ぶり）**3度目の優勝**を果たした。1次ラウンドは日本、台湾、アメリカ（フェニックス、フロリダ）の各地で実施された。

日本は**初の日系人選手**ラーズ・ヌートバー選手が代表に参加した。準決勝ではメキシコを、決勝ではアメリカを破り、7戦全勝で優勝した。MVPは**大谷翔平選手**であり、日本人選手としては**第1・2回大会の松坂大輔選手以来の受賞**となる。

3．2023年サッカー女子ワールドカップ

2023年7月20日からサッカー女子ワールドカップがオーストラリアとニュージーランドで開催された。日本はグループステージで、今大会優勝し

たスペインにも勝ち3戦全勝で突破。ベスト16ではノルウェーに勝ったが、準々決勝でスウェーデンに敗れ**ベスト8**になり、2011年以来の優勝はならなかった。

優勝は**スペインで初優勝**。MVPはスペインのアイタナ・ボンマティ選手。**得点王は日本の宮澤ひなた選手**（日本人選手としては澤穂希選手**以来の受賞**）。なお、日本代表（なでしこジャパン）はフェアプレー賞も受賞している。

4．バスケットボールワールドカップ2023

8月25日から日本・フィリピン・インドネシアでバスケットボールワールドカップが開催。優勝は**ドイツ（初優勝）**。

日本は、グループリーグでフィンランドに勝ち、順位決定ラウンドではベネズエラとカーボベルデに勝ち、**過去最多の3勝**を記録。アジア最上位となり、2024年**パリオリンピック出場権を獲得**した。自力で出場権を獲得したのは48年ぶりとなる。

5．バレーボール男子代表がパリオリンピック出場権獲得

2023年ワールドカップバレーが世界各地で行われた。各地上位2位がパリオリンピック出場権を獲得できる。**男子代表**は2位となり、**自力では16年ぶりで出場権獲得**に。一方女子代表は残念ながら3位となったため、2024年6月17日時点での世界ランキング次第で出場権が決まることになる。

6．その他

- 2023ラグビーワールドカップがフランスで開催。日本はグループリーグ3位となり、**ベスト8は逃した**が、2027年オーストラリア大会の**出場権は獲得**した。
- 2023世界陸上ブダペスト大会が開催。日本は**女子やり投げの北口榛花選手の金メダル**と、男子35km競歩の川野将虎選手の銅メダルに加え入賞11と過去最高を記録。次回2025年は東京大会。
- 2023年、22年ぶりに世界水泳が日本で開催された。
- 2023世界柔道が5月にカタールのドーハで開催。日本は男女混合団体を含め、6個の金メダルを獲得。

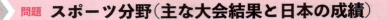
問題 スポーツ分野（主な大会結果と日本の成績）

次のスポーツに関する記述のうち、正しいものはどれか。

1. 2022年11月からサッカーワールドカップカタール大会が開催された。中東での開催は初めてとなった。日本代表はグループリーグを三試合全勝で突破し、ベスト16ではクロアチアに勝ち、初のベスト8に進出した。
2. 2023年はWBCが開催された。日本は日系人選手も初めて参加した大会となったが、決勝でアメリカを破り優勝した。これにより、日本はWBC初優勝となり、MVPも大谷選手が日本人初受賞となった。
3. サッカー女子日本代表（なでしこジャパン）は2023年ワールドカップにて決勝で日本代表がスペイン代表を破り、初優勝を果たした。得点王には宮澤ひなた選手が輝き、こちらも日本人初となる。
4. 2024年にはパリオリンピックが開催されるが、2023年には様々な競技で出場権をかけた大会が開催されている。この点、バスケットボール男子やバレーボール男子は、自国開催となった前回の東京オリンピックを除いた、久々の自力での出場権獲得となった。
5. ラグビーワールドカップフランス大会では、日本が自国開催の2019年大会に続き2大会連続のベスト8進出を果たした。また世界陸上においては、やり投げで北口榛花選手が金メダルを獲得した。これはトラック＆フィールド種目において男女含めて初の金メダルとなった。

解答・解説

1. 2022年11月からサッカーワールドカップカタール大会が開催された。中東での開催は初めてとなった。日本代表はグループリーグを**三試合全勝で突破**し、ベスト16では**クロアチアに勝ち、初のベスト8に進出**した。
×日本は、グループリーグでコスタリカに敗れている。
×クロアチアに敗れ、初のベスト8進出は次回以降に持ち越しに。

2. 2023年はＷＢＣが開催された。日本は日系人選手も初めて参加した大会となったが、決勝でアメリカを破り優勝した。これにより、日本は**ＷＢＣ初優勝**となり、ＭＶＰも大谷選手が**日本人初受賞**となった。
×3大会ぶり3度目の優勝
×松坂大輔選手が第1・2回で連続受賞している。

3. サッカー女子日本代表（なでしこジャパン）は2023年ワールドカップにて**決勝で日本代表がスペイン代表を破り、初優勝を果たした**。得点王には宮澤ひなた選手が輝き、**こちらも日本人初**となる。
×日本はグループリーグでスペインに勝った。決勝ではない。2011年に日本は優勝している。
×得点王は2011年に澤選手が受賞している。

4. 2024年にはパリオリンピックが開催されるが、2023年には様々な競技で出場権をかけた大会が開催されている。この点、バスケットボール男子やバレーボール男子は、**自国開催となった前回の東京オリンピックを除いた、久々の自力での出場権獲得**となった。
○バスケットボールは48年ぶり、バレーボールは16年ぶりの自力での出場権獲得。

5. ラグビーワールドカップフランス大会では、日本が自国開催の2019年大会に続き**2大会連続のベスト8進出**を果たした。また世界陸上においては、やり投げで北口榛花選手が金メダルを獲得した。これは**トラック&フィールド種目において男女含めて初の金メダル**となった。
×今大会は日本はグループリーグ3位となり、2大会連続のベスト8はならなかった。
×女子では初だが、男子では、室伏広治選手（ハンマー投げ）がいる。なお現在のスポーツ庁長官である。

第1章　自然科学

| 正解 | 4 |

第2章

情 報

1 情報量の単位

> **ここがポイント**
>
> 現代のコンピュータは、すべての情報を数値の0と1の2つだけで表現するデジタル方式が採用されている。そのため、一度に扱うことのできる桁数の大小やその処理の速さがコンピュータの性能を表している。

1. 情報量の単位

（1） ビットとバイト

「ビット(bit)」とは、**コンピュータが扱う0または1、いずれか1つの情報のことをいう。つまり2進数の1桁のことを指す。** 1ビットは、コンピュータが扱うデータ量の最小単位で、0と1の2種類を表現できる情報量である。また、2ビットでは00、01、10、11の4種類の情報が表現できるということになる。

【ビットと表現できる情報量の関係】

ビット数	表現できる情報量
1	$2^1 = 2$
2	$2^2 = 4$
3	$2^3 = 8$
4	$2^4 = 16$
5	$2^5 = 32$
6	$2^6 = 64$
7	$2^7 = 128$
8	$2^8 = 256$
9	$2^9 = 512$
10	$2^{10} = 1024$

また、**8ビットを「1バイト(Byte)」** という。1バイトの情報量があれば、$2^8 = 256$通りのデータ表現が可能となる。なお、ネットワークについて議論する場合には、8ビットを「1オクテット(Octet)」ともいう。

ビット、バイトを記号で表す時には、**ビットをb、バイトをB**と表記する。

（2） 補助単位

コンピュータで扱うデータ量は次のような補助単位をつけて表記する。
基本的に2^{10}を単位として呼び方が変わる。

例　2^{10}＝1024バイト＝1キロバイト（KB）

【ポイント】

> 正確には、2^{10}＝1024だが、概数として「おおよそ1000」とイメージしてみよう。つまり、10^3＝1000ごとに単位が変わることになる。

【補助単位】

10^3＝1キロ（K）
10^6＝1メガ（M）
10^9＝1ギガ（G）
10^{12}＝1テラ（T）
10^{15}＝1ペタ（P）

【情報分野で使用される場合】

2^{10}　＝　1024バイト＝1キロバイト（KB）
2^{20}　＝　1024キロバイト＝1メガバイト（MB）
2^{30}　＝　1024メガバイト＝1ギガバイト（GB）
2^{40}　＝　1024ギガバイト＝1テラバイト（TB）
2^{50}　＝　1024テラバイト＝1ペタバイト（PB）

（3） 通信速度

通信速度の単位については、以下のものが用いられる。
毎秒何ビット　bps（bit per second）　1秒間に何ビット送れるか
毎秒何バイト　Byte ／ second　1秒間に何バイト送れるか
なお、データ量はバイトが使われることが多く、通信速度は、ビット／秒が使われることが多い。

> ### 問題 情報量の単位

デジタル情報は0と1の並びで表すことができ、0か1かの数字一つ分を1bit（ビット）という。この並びをビット列といい、デジタル情報のデータ量は、8bitを1B（バイト）として、単位を1024（＝2^{10}）ごとに変化させ、B、KB（キロバイト）、MB（メガバイト）などと単位を表記する。

単位	定義	バイト数
B	1B = 8bit	1
KB	1KB=1024B	1024
MB	1MB=1024KB	1048576

一方、情報通信の速度は、1秒間に何bitのデータを転送できるかによって表現し、その単位をbpsで表す。この速度については単位を、1000（＝10^3）ごとに変化させ、bps、Kbps、Mbpsなどと単位を表記する。

いま、32Kbpsの通信速度で125KBのデータ量を転送するのにかかる時間が32.0秒であった。このとき、256Kbpsの通信速度で1MBのデータ量を転送するのにかかる時間はおよそ何秒か。

ただし、転送効率は100％とし、データ量以外のデータは考えないものとする。

1. 6.8秒

2. 12.8秒

3. 16.8秒

4. 24.8秒

5. 32.8秒

問題文より、

「32Kbpsの通信速度で」「125KBのデータ量を転送」「時間が32.0秒」
「256Kbpsの通信速度で」「1MBのデータ量を転送」「時間は…」
という条件が読み取れる。
まず、問題文の表に1MB＝1024KBとあるため、1024KBとして考える。

　今回、32Kbpsから256Kbpsに変化しており、256÷32＝8倍の速度になる。
　一方、データ量は125KBから1024KBに変化しており、1024÷125＝8.192倍となっている。
　そのため、時間は8.192÷8＝1.024倍かかることになる。
　したがって、32.0秒×1.024＝32.768秒とわかるので、おおよそ32.8秒となり、肢5が正解となる。

正解　5

重要度

2 情報セキュリティ①

ここがポイント

情報化が進む中で、利便性の向上が進む一方、情報の漏えいやデータ改ざんなどの危険性が高まっている。そこで安全性向上のため情報セキュリティが重要となっている。

1. 情報セキュリティの概念

近年のインターネット等の普及によって、様々な情報をやり取りすることが日常的に行われる。そのため、個人や企業を問わず、ハッキングによるコンピュータへの侵入や情報の盗難、データの改ざんといった被害に遭う危険性が高まっている。また、最近は、企業や組織が保有している個人情報などのデータが外部へ漏えいするトラブルも数多く発生している。企業や組織として、データの管理方法などのルールを策定し、その遵守を徹底する必要がある。このような**脅威からコンピュータやネットワークを守り、安全性を保つことが情報セキュリティという考え方**になる。

すべての利用者が情報セキュリティに対する適切な知識を持つことこそが、誰もが安心してインターネットを利用できる高度情報社会の繁栄につながっていくといえる。

2. 脅威と脆弱性

脅威は、システムやデータに対して**潜在的な危害を引き起こす可能性のある行動や事象**である。これには、①人的脅威（例：ハッカーによる攻撃）、②技術的脅威（例：マルウェア、コンピュータウイルス）、③物理的脅威（例：自然災害など）が含まれる。

一方、**脆弱性は**、システムやプロセスの弱点で、**セキュリティホールとも呼び、悪意のある活動によって利用される可能性がある**ものをいう。これには、ソフトウェアのバグ、設定ミス、弱いパスワードなどが含まれる。

【ポイント】

> 脅威は「何が起こる可能性があるか」を、脆弱性は「問題がどうして起こる可能性があるか（原因・根拠）」を示している。脅威が脆弱性を利用すると、セキュリティインシデントが発生する可能性がある。

3．人的脅威

人的脅威は、人間の行動に起因するセキュリティ上のリスクを指す。以下、具体例を挙げて説明する。

ソーシャルエンジニアリング	人間の心理を悪用して情報を盗み出す攻撃。例：攻撃者がITサポートを装い、電話で被害者からパスワードなどの情報を騙し取る。
フィッシング	攻撃者が正規の組織を装った偽のメールを送り、リンク先の偽サイトで個人情報を入力させる手口。
インサイダー攻撃	組織内部の人間が、意図的に機密情報を外部に漏らす。
故意のユーザエラー	あえてシステムを損傷させる、情報を漏洩させるなどの故意の行動。
USBドライブの不注意な使用	見知らぬUSBドライブを組織のコンピュータに挿入する行為により、悪意のあるソフトウェアの感染源となる可能性がある。
パスワードの共有	パスワードの不適切な共有や同じパスワードの複数サイトでの使用は、セキュリティの弱点を作り出すことがある。
不適切なデータ廃棄	重要な書類やデータを適切にシュレッダーせずに廃棄する行為は、情報漏洩のリスクとなる。
不正なソフトウェアのインストール	従業員が不正なソフトウェアを職場のコンピュータにインストールすることは、セキュリティ上のリスクを高める可能性がある。
個人デバイスの業務利用	私用のスマートフォンやタブレットで業務データにアクセスする際、適切なセキュリティ対策がされていないと、情報漏洩の危険がある場合がある。

これら、人的脅威に対する対策としては、**従業員へのセキュリティ教育や厳格なアクセス制御、定期的なセキュリティ監査などが重要**である。人間の行動は予測が難しいため、様々な角度からの対策が求められる。

問題 情報セキュリティ①

　　以下の選択肢について、正しいものを選べ。

1. 脅威は、システムやデータに対して潜在的な危害を引き起こす可能性のある行動や事象である。脅威には、①人的脅威、②技術的脅威の２つが含まれ、自然災害などの物理的な問題は一切無関係である。

2. 脆弱性とは、「どのような問題が生じる可能性があるか」を示す言葉であり、脅威は「問題がどうして起こりうるのか」を示す。

3. 人的脅威は、システムやネットワークの技術的な側面を対象とした攻撃やリスクと定義されている。

4. フィッシングとは、メールの送信者が正規のメールを送り、リンク先のサイトに誘導し、個人情報を入力させる手口をいう。

5. 人的脅威に対する対策としては、従業員へのセキュリティ教育や厳格なアクセス制御、定期的なセキュリティ監査など様々な角度からの対策が求められる。

解答・解説

1. 脅威は、システムやデータに対して潜在的な危害を引き起こす可能性のある行動や事象である。脅威には、①人的脅威、②技術的脅威の２つが含まれ、自然災害などの物理的な問題は**一切無関係である**。
   ×自然災害など物理的脅威も含む。

2. **脆弱性**とは、「どのような問題が生じる可能性があるか」を示す言葉であり、**脅威**は「問題がどうして起こりうるのか」を示す。
   ×脅威と脆弱性の特徴が逆。

3. 人的脅威は、**システムやネットワークの技術的な側面を対象とした攻撃やリスク**と定義されている。
   ×これらは人的脅威ではなく技術的脅威にあたる。

4. フィッシングとは、**メールの送信者が正規のメールを送り、リンク先のサイトに誘導し**、個人情報を入力させる手口をいう。
   ×偽のメールを送り、リンク先の偽サイトで個人情報を取る手段をいう。

5. 人的脅威に対する対策としては、従業員へのセキュリティ教育や厳格なアクセス制御、定期的なセキュリティ監査など様々な角度からの対策が求められる。→〇人間の行動は予測が難しいため、様々な角度からの対策が必要となる。

正解　5

3 情報セキュリティ②

> **ここがポイント**
>
> 引き続き情報セキュリティについてである。今回は「技術的脅威」や「物理的脅威」について、脅威の内容や、どう対応すべきかを押さえていこう。

1. 技術的脅威

情報セキュリティの技術的脅威は、**システムやネットワークの技術的な側面を対象とした攻撃やリスク**をいう。以下、いくつかの具体例を挙げて説明する。

マルウェア	ウイルス、トロイの木馬、ワームなど、システムを感染させて損害を与えるソフトウェア。
ランサムウェア	ファイルやシステムを暗号化し、解除のための身代金を要求する攻撃。
スパイウェア	ユーザーの情報や行動を盗み取るソフトウェア。悪意ある広告のクリックや不適切なダウンロードによって感染し、プライバシーの侵害が起きる。
トロイの木馬	正当なソフトウェアに偽装し、ユーザーがインストールすると悪意のあるコードが実行される。データ窃盗やシステムの制御が可能。
ワーム	他のコンピュータへ自己増殖するマルウェア。感染が速く拡散し、ネットワークのリソースを消費する。
フィッシング詐欺	信頼性のある組織を装い、メールやウェブサイトで個人情報を詐取する。銀行のログイン情報などが標的とされることが多い。
DDoS攻撃	多数のリクエストを送り、サービスを利用不能にする攻撃。例として、大量のメールを送りつけ、処理しきれずにサーバーが停止してしまうというメール爆弾攻撃がある。
ゼロデイ攻撃	未知の脆弱性を狙って攻撃を仕掛ける手法で、パッチが提供される前に攻撃が行われる。
SQLインジェクション	データベースに対して不正なSQLコマンドを注入し、情報を盗み出したり、変更したりする攻撃。

セッション ハイジャック	ユーザーのセッションを乗っ取り、権限を悪用する攻撃。
ドライブバイ ダウンロード	脆弱性を持つウェブサイトを訪れた際に、ユーザーの知らない間にマルウェアがダウンロードされる攻撃。
Eavesdropping（傍受）	ネットワーク上の通信を密かに盗聴する攻撃。
ビジネスメール詐欺	正規の取引先や上司などを装い、金銭の振り込みなどを依頼するフィッシングの一種。
DNSキャッシュ ポイズニング	DNSサーバーに偽の情報を注入し、ユーザーを偽のウェブサイトに誘導する攻撃。
ショルダー・ サーフィング	物理的に被害者の画面やキーボードを盗み見し、情報を盗む攻撃。
モバイルコードの 脅威	スマートフォンやタブレットなどのモバイルデバイスに対して悪意あるコードを埋め込む攻撃。
タイムボム	特定の日時に発動するようプログラムされた悪意のコード。
水飲み場攻撃	特定のコミュニティや組織が頻繁に訪れるウェブサイトを標的にした攻撃。

これらの技術的脅威に対抗するためには、**最新のセキュリティアップデートの適用、ファイアウォールや侵入検知システムの導入、安全なプログラミングの実践、定期的なセキュリティ監査**などが不可欠といえる。

2．物理的脅威

情報セキュリティの物理的脅威は、**コンピュータやネットワーク機器などの物理的な構成要素**に対する脅威をいう。

盗難と窃盗	コンピュータやスマートフォンなどの機器が盗まれると、そのデバイスに保存されている情報も盗まれる危険がある。
破壊と損傷	地震、洪水、火災などの自然災害や、故意による機器の破壊が、データの損失やサービスの停止を引き起こすことがある。
盗聴と傍受	情報を送受信するためのケーブルや無線信号が、外部から盗聴され情報漏洩のリスクに。
廃棄の問題	古いコンピュータやストレージデバイスの不適切な廃棄が、データ漏洩につながる。

物理的脅威に対処するためには、**機器の適切な配置、防災対策、監視カメラの設置、データのバックアップ、適切な廃棄手順**などが重要となる。

問題 情報セキュリティ②

以下の選択肢について、正しいものを選べ。

1. ワームとはアプリケーションの開発時に発生したプログラムのミスが原因で起きる不具合のことをいう。

2. トロイの木馬とは、トロイ戦争で木馬の中に兵を潜ませた逸話に摸した手法である。ウイルスをユーザーに気付かれずにメールに添付したりソフトウェアに潜ませたりして感染させる。

3. ランサムウェアとは、ユーザーの情報や行動を盗み取るソフトウェアをいう。

4. 技術的脅威については、セキュリティアップデートが重要であるが、一度アップデートしてしまえば問題は生じ得ず、最新のセキュリティアップデートは全く必要ない。

5. 物理的脅威については、盗難や窃盗、盗聴、自然災害などによる破壊と損傷などが含まれるが、古いコンピュータを廃棄する際に、データ漏洩する心配はないため、対策をする必要はない。

解答・解説

1. ~~ワーム~~とはアプリケーションの開発時に発生した**プログラムのミスが原因で起きる不具合**のことをいう。
   ×故意で作成されたプログラム。

2. **トロイの木馬**とは、トロイ戦争で木馬の中に兵を潜ませた逸話に摸した手法である。ウイルスをユーザーに気付かれずにメールに添付したりソフトウェアに潜ませたりして感染させる。
   →〇有名なマルウェアの1つ。

3. ~~ランサムウェア~~とは、**ユーザーの情報や行動を盗み取るソフトウェア**をいう。
   ×この定義はスパイウェアの定義。

4. ~~技術的脅威については、セキュリティアップデートが重要であるが、一度アップデートしてしまえば**問題は生じ得ず**、最新のセキュリティアップデートは**全く必要ない**。~~
   ×新しいウイルスなどの対策のため、最新対策が必要。

5. ~~物理的脅威については、盗難や窃盗、盗聴、自然災害などによる破壊と損傷などが含まれるが、古いコンピュータを廃棄する際に、**データ漏洩する心配はないため、対策をする必要はない**。~~
   ×データ漏洩の心配は生じうる。

正解　2

4 情報セキュリティと暗号化技術

ここがポイント

情報セキュリティの推進のために、近年はいわゆる暗号化技術が利用されている。この暗号化技術の基本を押さえておこう。

情報セキュリティは、一般に、**① 機密性、② 完全性、③ 可用性**を確保することを目的とする。

機密性	認可された者だけがアクセスできることを確実にすること
完全性	情報および処理方法が正確で完全である状態を保証すること
可用性	認可された利用者が必要なときに情報および関連資産にアクセスできることを確実にすること

これらを満たす手段として、暗号化技術がある。暗号化技術はインターネットの商業利用が進むに連れて、クレジットカード番号等の秘匿情報をやり取りする機会に用いられる。

1．共通鍵暗号方式と公開鍵暗号方式

現在コンピュータで利用される暗号方式はいわゆる鍵（例：パスワード）を用いるものが多く、主に共通鍵暗号方式と公開鍵暗号方式の2つがある。まず、**共通鍵暗号方式とは、暗号化と復号に同じ鍵を用いる方式**をいう。

【共通鍵暗号方式のしくみ】

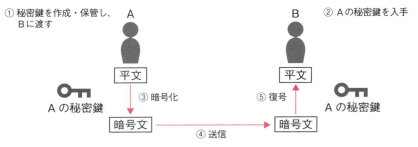

共通鍵暗号方式には、暗号化・復号の速度が速いという長所がある。その反面、① 鍵が盗まれると、その鍵による復号により情報が盗まれる、② 受信者の数だけ鍵が必要になる（鍵の管理が煩雑）という短所がある。

次に公開鍵暗号方式とは、暗号化と復号に異なる鍵を用いる方式をいう。

【公開鍵暗号方式（秘匿機能モード）のしくみ】

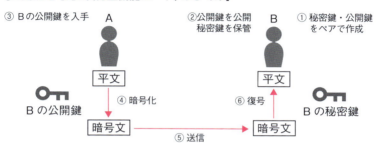

【公開鍵暗号方式（認証モード）のしくみ】

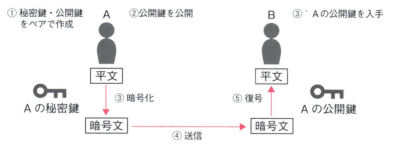

公開鍵暗号方式には、暗号化・復号の速度が遅いという短所がある。その反面、① １つの鍵を公開し、自分の秘密鍵さえ管理すればよい（鍵の管理が容易）、② **不特定多数者間の取引に適している**という長所がある。

2．電子署名

電子署名とは、電磁的記録に記録された情報について作成者を示す目的で行われる**暗号化等の措置**で、改変が行われていないかどうかを確認することができるものをいう。

⇒　**「作成名義の同一性（本人性）」**および**「内容の同一性（非改ざん性）」**を確認するものであって、**実社会の手書きサインや押印の代わりとなる技術**である。

3．認証業務

認証業務とは、利用者が電子署名を行ったと確認するためチェックされる事項が、利用者のものであると証明する業務をいう。

⇒　**鍵（例：パスワードなど）が合致しているか確認する業務。**

【公開鍵暗号方式（認証モード）に基づく電子署名・認証業務】

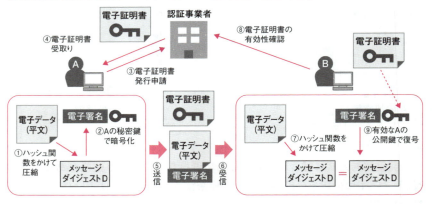

➤MEMO

問題 情報セキュリティと暗号化技術

以下の選択肢のうち、最も妥当なものを選べ。

1. 電子署名とは、実社会の手書きサイン（署名）や押印を電子的に代用しようとする技術であって、作成名義の同一性（本人性）および内容の同一性（非改ざん性）を確認することができるものをいう。

2. 共通鍵暗号方式とは、暗号化と復号に同じ鍵を用いる方式をいい、次に公開鍵暗号方式とは、暗号化と復号に関し、一般に公開されている同じ鍵を用いる方式をいう。

3. 公開鍵暗号方式には、暗号化・復号の速度が速く、そのため、鍵が別の人に知られると、すぐに情報が復元化されてしまうという問題が起こりうる。

4. 情報セキュリティは、一般に、① 公然性、② 完全性、③ 可用性を確保することを目的とするものである。

5. 情報セキュリティにおける完全性とは、「情報量および処理方法が完全である状態を保証すること」をいい、安全性までは保証するものではない。

解答・解説

1. 電子署名とは、実社会の手書きサイン(署名)や押印を電子的に代用しようとする技術であって、**作成名義の同一性(本人性)および内容の同一性(非改ざん性)を確認**することができるものをいう。
   ○偽造防止の観点などから「本人性」「非改ざん性」が求められている。

2. 共通鍵暗号方式とは、暗号化と復号に同じ鍵を用いる方式をいい、次に公開鍵暗号方式とは、**暗号化と復号に関し、一般に公開されている同じ鍵を用いる方式**をいう。
   ×公開鍵暗号方式は暗号化と復号に異なる鍵を用いる方式である。

3. 公開鍵暗号方式には、暗号化・復号の速度が速く、そのため、鍵が別の人に知られると、すぐに情報が復元化されてしまうという問題が起こりうる。→×これらの特徴は共通鍵暗号方式の特徴である。公開鍵と共通鍵の特徴の入れ替え注意。

4. 情報セキュリティは、一般に、① **公然性**、② 完全性、③ 可用性を確保することを目的とするものである。
   ×公然性ではなく機密性である。機密性とは正当な権限を持った者だけが情報に触れることができる状態。

5. 情報セキュリティにおける完全性とは、「情報量および処理方法が完全である状態を保証すること」をいい、**安全性までは保証するものではない**。
   ×偽造や漏洩防止の観点から安全性も保証するものである。

正解 1

5 アルゴリズムとフローチャート

重要度 A

ここがポイント

情報分野において、問題解決の手順などを示す「アルゴリズム」や、そのアルゴリズムなどを視覚的に表現した「フローチャート」は今後おさえておきたいポイントになる。ここで確認しよう。

1．アルゴリズム

アルゴリズムとは、問題を解決するための手順やルールのことをいう。料理のレシピのように、特定の順序で行動をすることで、特定の結果を得ることができ、複雑な問題を整理し、段階的に解決していくことができる。コンピュータの世界では、アルゴリズムはプログラムとして表現される。

2．フローチャート

フローチャートは、プロセスやアルゴリズムの動作を視覚的に表現するための図式で、特定の記号を使用して異なる操作やフローの方向を示している。以下は、フローチャートで使用される基本的な記号とそれぞれの処理の仕方である。

①開始／終了記号（角丸四角形か楕円形）
使用目的：プロセスの開始および終了を示す。

②処理記号（バッチ）
使用目的：一般的な操作や計算を示す。

③判断記号（ひし形）
使用目的：条件分岐（例：if文）を示す。

④矢印（線）
使用目的：フローの方向を示す。

3. フローチャートの解法ポイント

フローチャートの問題は、その流れ通りに数値を入れていけばよいが、変数が多く、かつ「繰り返し（ループ）」作業が多い場合、事務処理が多くなる。

そのため、フローチャートを解く手順としては、繰り返しが多い場合には、

（1）フローチャート中に現れる変数を列挙する。
（2）各変数を表で表し、フローチャートを実行する。

という表でまとめるという手段も考えて、法則などないか考えてもらいたい。

【例題】次のフローチャートで表せる、Sの値を計算せよ

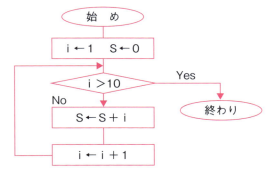

① iに1、Sに0を代入する。
② iが10より大きくなるまで次の処理を繰り返す。
　②-1　Sにiを加算していく。
　②-2　iに1を加算していく。

すると、

	②-1	②-2	②-1	②-2	②-1	②-2	②-1	②-2	②-1	②-2
S	1		3		6		10		15	
i		2		3		4		5		6

	②-1	②-2	②-1	②-2	②-1	②-2	②-1	②-2	②-1	②-2
S	21		28		36		45		55	
i		7		8		9		10		11

上記の表になり、iが11になった段階で（i＞10）終了する。
したがって、その時のSの値は55となる。

問題 アルゴリズムとフローチャート

図のフローチャートにおいて、A＝52、B＝39のとき、Rの値はいくつか。ただし、X←Aは変数XにAの値を代入することを表し、Y％Xは変数Yを変数Xで割った余りを表している。

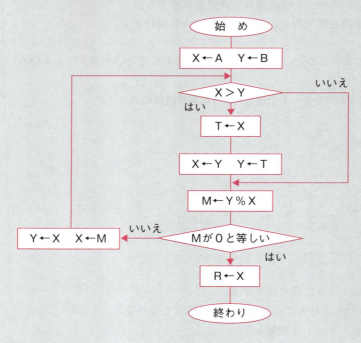

1. 13
2. 15
3. 17
4. 19
5. 21

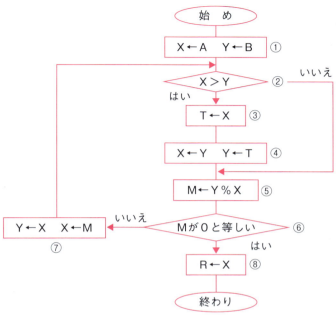

まず、上から順番に手順を①②③…と進めていく。

① Xに52、Yに39を代入する。
② ①の結果、X＞Yであり、次に進むと、
③④ ③でXをTとし、④によりTにYを代入し、XにYを代入する。
　　すると、Yが52　Xが39となる（入れ替わっただけ）。
⑤ Y÷X＝52÷39＝1余り13　となるので、Mは13
⑥ M＝13で0ではないので、「いいえ」に進む。
⑦ YにXを代入しY＝39　XにMを代入し、X＝13
　⇒ ②に戻ると、X＞Yではないので、「いいえ」に進む。
⑤⑥ Y÷X＝39÷13＝3余り0　よってM＝0であり、「はい」に進む。
⑧ RにXを代入し、R＝13

したがって、R＝13であり、正解は肢1となる。

正解　1

重要度 **A**

6 マイナンバー法

(((**ここがポイント**)))

　情報の一元化、行政サービスの効率化において重要な制度がいわゆる「マイナンバー」制度である。このマイナンバー制度を規定したマイナンバー法の内容はきちんと確認しておきたい。

1．マイナンバー法の概要

　2013年5月、「行政手続における特定の個人を識別するための番号の利用等に関する法律」（番号利用法・マイナンバー法）が成立した。

　マイナンバー法に基づき、(ⅰ)全国民等に対し個人番号（マイナンバー）が、(ⅱ)法人等に対し法人番号が付番されることとなるが、これらの番号を利用することで、**対象者の正確かつ迅速な特定**が可能となる。

【個人番号と法人番号】

	個人番号（マイナンバー）	法人番号
桁数	12桁	13桁
付番	住民票を有する住民全員に2015年10月に付番	設立登記をした法人、税法上の届出をした法人格のない社団、国の機関、地方公共団体に一斉付番
カード	通知カード・個人番号カード	特になし（付番した番号は書面通知）
利用	社会保障・税・災害対策分野のうち法律または条例で認められた事務でのみ利用可能（2016年1月〜）	社会保障・税・災害対策分野以外でも自由な利用が可能（2015年10月〜）
提供	番号利用法で認められた場合以外は提供禁止	自由な提供が可能
変更	個人番号が漏えいして不正に用いられるおそれがあると認められるときは、請求・職権で変更可能	変更不可
公表	公表されない	商号・名称、本店、主たる事務所の所在地、法人番号を国税庁のHP等で公表（検索可能）

個人番号カード（マイナンバーカード）は、プラスチックのＩＣチップ付きカードで、券面に**氏名・住所・生年月日・性別・顔写真等**が表示されている。本人の申請に基づき、**市区町村長**は、厳格な本人確認を行ったうえで、「個人番号カード」を交付する。個人番号カードは、官民・分野を問わず、また、個人番号利用事務であるか否かを問わず、対面でもオンラインでも本人確認手段として幅広く利用できる。

【個人番号カード（マイナンバーカード）のイメージ】

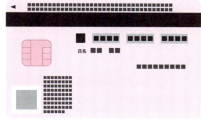

カードおもて面　　　　　　　　　　カードうら面

次に**マイナポータル**は、政府が運営するオンラインサービスで、子育てや介護をはじめとする、行政手続の検索やオンライン申請がワンストップでできたり、行政機関からのお知らせを受けたりする、自分専用のWebサイトである。

2．マイナンバー法の改正(2023年6月9日公布　2024年秋施行予定)

（1）マイナンバーの利用範囲の拡大

マイナンバーは**社会保障制度、税制及び災害対策で利用**することになっていたが、**それら以外の行政事務**においても、利用の推進を図る。

具体的には、理容師・美容師、小型船舶操縦士及び建築士等の**国家資格等**、**自動車登録**、**在留資格に係る許可等**に関する事務において、マイナンバーの利用を可能とする。また各種事務手続における添付書類の省略等を図る。

（2） 戸籍等の記載事項への「氏名の振り仮名」の追加

・ 戸籍、住民票等の記載事項に**「氏名の振り仮名」**を追加。
　　また、マイナンバーカードの記載事項等に**「氏名の振り仮名」**を追加。
　　⇒　これにより、公証された「振り仮名」が各種手続での**本人確認で利用可能**になる。

（3） マイナンバーカードと健康保険証の一体化

・ 2024年秋に**健康保険証を廃止**するとともに、マイナンバーカードによりオンライン資格確認を受けることができない状況にある者が、必要な保険診療等を受けられるよう、**本人からの求めに応じて「資格確認書」を提供**する。
　　⇒　**すべての被保険者の円滑な保険診療を可能**にする。
・ 乳児に交付するマイナンバーカードについて顔写真を不要とする。

（4） マイナンバーカードの普及・利用促進

・ 在外公館で、国外転出者に対するマイナンバーカードの交付や電子証明書の発行等に関する事務を可能とする。
・ 市町村から指定された郵便局においても、マイナンバーカードの交付申請の受付等ができるようにする。
・ 暗証番号の入力等を伴う電子利用者証明を行わずに、利用者の確認をする方法の規定を整備する（例：図書館等での活用）。

▶MEMO

問題 マイナンバー法

以下の選択肢について、正しいものを選べ。

1. 個人番号（いわゆるマイナンバー）は個人にも法人にもすべて12ケタの番号が一律に付与されている。

2. マイナンバー及びマイナンバーカードはともに本人の申請に基づき、厳格な本人確認を行ったうえで交付されるものであり、マイナンバー及びマイナンバーカードともに申請していない国民に対しては発行されない。

3. マイナンバーは、行政事務の効率・迅速化の観点から、社会保障分野、税分野、防災分野などに利用されているが、他の分野への拡張はいまだ検討されていない。

4. マイナンバーカードの交付申請は市町村で行うことになっているが、市町村から指定された郵便局においても、マイナンバーカードの交付申請の受付等ができるようになる見込みである。

5. 2024年秋に健康保険証を廃止し、マイナンバーカードと一体化される見込みであるが、マイナンバーカードを持たない選択をした人に対してどうするかは今後の検討により決まる。

解答・解説

1. 個人番号（いわゆるマイナンバー）は**個人にも法人にもすべて12ケタの番号が一律**に付与されている。
×個人は12ケタ、法人は13ケタ。

2. マイナンバー及びマイナンバーカードはともに本人の申請に基づき、厳格な本人確認を行ったうえで交付されるものであり、マイナンバー及びマイナンバーカード**ともに申請していない国民に対しては発行されない**。
×マイナンバーは国民全員に発行され、申請の有無は問わない。

3. マイナンバーは、行政事務の効率・迅速化の観点から、社会保障分野、税分野、防災分野などに利用されているが、**他の分野への拡張はいまだ検討されていない。**
×法改正により、国家資格や在留許可などにも拡張予定となった。

4. マイナンバーカードの交付申請は市町村で行うことになっているが、**市町村から指定された郵便局**においても、マイナンバーカードの交付申請の**受付等ができるようになる見込み**である。
○今回の法改正により定められた。

5. 2024年秋に健康保険証を廃止し、マイナンバーカードと一体化される見込みであるが、**マイナンバーカードを持たない選択をした人に対してどうするかは今後の検討により決まる。**
×マイナンバーカードによりオンライン資格確認を受けることができない状況にある方が、必要な保険診療等を受けられるよう、本人からの求めに応じて「資格確認書」を提供する。

第2章 情報

| 正解 | 4 |

重要度 B

7 デジタル社会の構築背景と概要

>>> ここがポイント <<<

日本のデジタル社会化を推進すべく、社会整備・法整備がなされているが、そもそもどういう背景があったのか。ここで一度確認しておこう。

1. デジタル社会の構築背景

2018年6月、世界最先端IT国家創造宣言・官民データ活用推進基本計画は、その名称を**「世界最先端デジタル国家創造宣言・官民データ活用推進基本計画」（IT戦略）**に名称を改めた。この計画の基本的な考え方は『国民が安全で安心して暮らせ、豊かさを実感できるデジタル社会の実現』にある。この計画では、①ITを活用した社会システムの抜本改革、②デジタル・ガバメントの推進が目指され、デジタル・ガバメントの推進に当たっての**デジタル化の3原則**が掲げられた。

【デジタル化の3原則】

デジタルファースト	原則として、個々の手続・サービスが一貫してデジタルで完結する
ワンスオンリー	1度提出した情報は、2度提出することを不要とする
コネクテッド・ワンストップ	**民間サービスを含め、**複数の手続・サービスがどこからでも1カ所で実現する

2019年6月に変更された世界最先端デジタル国家創造宣言・官民データ活用推進基本計画（IT戦略）では、① G20を軸とした国際対応（例：**信頼性のある自由なデータ流通（DFFT）**）、② **社会全体のデジタル化**（例：全省庁・全産業のデジタル、行政手続デジタル化）、③ 社会実装＆インフラ再構築（例：5Gと次世代信号・自動運転との連携）が目指された。

2. デジタル改革関連法

2020年のコロナ禍への対応で明らかになった、国・地方公共団体のデジタル化の課題を根本的に解決するため、2021年5月、デジタル改革に関す

る6つの法律（デジタル改革関連法）が成立した。

【デジタル改革関連法】

①	デジタル社会形成基本法	②	デジタル庁設置法
③	デジタル社会の形成を図るための関係法律の整備に関する法律（デジタル社会形成整備法）		
④	公的給付の支給等の迅速かつ確実な実施のための預貯金口座の登録等に関する法律（公金受取口座登録法）		
⑤	預貯金者の意思に基づく個人番号の利用による預貯金口座の管理等に関する法律（預貯金口座個人番号利用申出法）		
⑥	地方公共団体情報システムの標準化に関する法律（地方公共団体情報システム標準化法）		

【補足】

デジタル改革関連法のうち、**①・②がデジタル社会の形成やこれに必要なデジタル庁の設置**を定めるのに対して、③～⑥がデジタル社会の形成に向けた対応として必要になる法制上の措置を定めるという関係にある。

（1）デジタル社会形成基本法は、**IT基本法の後継法**として**「誰一人取り残さない」、「人に優しいデジタル化」**といった考え方の下、デジタル社会形成に向けた基本理念や施策に係る基本方針等を定めるものである。

【補足】

デジタル社会形成基本法の施行（2021年9月1日）に伴い、今まで存在していた、**「IT総合戦略本部」が廃止され**、デジタル庁に**「デジタル社会推進会議」**が設置された。

（2）デジタル庁設置法は、行政の縦割りを打破し、大胆に規制改革を断行するための突破口として、内閣直属の組織としてデジタル庁を創設するものである（2021年9月1日施行）。

【補足】

デジタル庁の長およびデジタル庁に係る事項についての**主任の大臣は、内閣総理大臣である**ものの、デジタル庁は内閣の事務を助ける機関であり、その所掌事務が複数府省にまたがるものであることから、事務の遂行にあたり国務大臣レベルの判断事項が多くなるため、**内閣総理大臣を補佐する国務大臣としてデジタル大臣がデジタル庁に設置される**。

第2章 情報

問題 **デジタル社会の構築背景と概要**

次の記述について、妥当なものはどれか。

1. 日本ではデジタル・ガバメントの推進に当たって、デジタル化の3原則が掲げられた。この内容は、①デジタル・ファースト、②データ・フリー、③コネクテッド・ワンストップの3つである。

2. 2020年7月に出されたIT新戦略 においては、新型コロナウィルス感染症の感染拡大も踏まえ、ニュー・ノーマルに対応した『デジタル強靭化社会』の構築が必要であるとし、IT基本法の全面的な見直しにより新たな基本理念や方針を規定するとともに、政府全体に横串を刺した社会全体のデジタル化の取組みの抜本的強化を図るとした。

3. デジタル改革関連法のうち、デジタル社会形成整備法がデジタル社会の形成やこれに必要なデジタル庁の設置を定めるものである。

4. デジタル社会形成基本法は、デジタル社会経営整備法の後継法として、「誰一人取り残さない」、「人に優しいデジタル化」といった考え方の下、デジタル社会の形成に向けた基本理念や施策に係る基本方針等を定めるものである。

5. デジタル社会形成基本法の施行に伴い、今まで存在していた「デジタル社会推進会議」が廃止され、デジタル庁に「IT総合戦略本部」が設置された。

解答・解説

1. 日本ではデジタル・ガバメントの推進に当たって、**デジタル化の3原則**
デジタル化の三原則は確認しておく。
が掲げられた。この内容は、**①デジタル・ファースト、②データ・フリー、**

③コネクテッド・ワンストップの3つである。
×②は「ワンス・オンリー」。

2. 2020年7月に出されたIT新戦略においては、新型コロナウィルス感

染症の感染拡大も踏まえ、ニュー・ノーマルに対応した『デジタル強靭

化社会』の構築が必要であるとし、IT基本法の全面的な見直しにより

新たな基本理念や方針を規定するとともに、政府全体に横串を刺した社

会全体のデジタル化の取組みの抜本的強化を図るとした。

→○これらの考え方に基づいて、デジタル改革関連法が制定されている。制定の背景の概要は確認する。

3. デジタル改革関連法のうち、**デジタル社会形成整備法**がデジタル社会の
×デジタル庁設置はデジタル庁設置法によるものである。
形成やこれに必要な**デジタル庁の設置**を定めるものである。

4. デジタル社会形成基本法は、**デジタル社会経営整備法の後継法**として、
×IT基本法の後継である。他の法律との関連は確認。
「誰一人取り残さない」、「人に優しいデジタル化」といった考え方の下、

デジタル社会の形成に向けた基本理念や施策に係る基本方針等を定める

ものである。

5. デジタル社会形成基本法の施行に伴い、今まで存在していた「**デジタル**

社会推進会議」が廃止され、デジタル庁に「**IT総合戦略本部**」が設置さ
×「デジタル社会推進会議」と「IT総合戦略本部」が逆。廃止と設立を正確に。
れた。

| 正解 | 2 |

重要度 **A**

8 デジタル社会の実現に向けた重点計画

))) **ここがポイント** (((

　デジタル社会形成に向けて、さまざまな問題があるが、どのような点を優先的にとらえているのだろうか。重点計画を確認し、ポイントを押さえよう。

1．デジタル社会の実現に向けた重点計画

　デジタル社会の実現に向けた重点計画は、目指すべきデジタル社会の実現に向けて、政府が迅速かつ重点的に実施すべき施策を明記し、**各府省庁が構造改革や個別の施策に取り組み**、それを**世界に発信・提言する際の羅針盤**となるものである。

【わが国の目指すデジタル社会とは】

「デジタルの活用により、一人ひとりのニーズに合ったサービスを選ぶことができ、多様な幸せが実現できる社会」をいう。

⇒　**「誰一人取り残されない、人に優しいデジタル化」**を進める。

2．デジタル社会実現に向けての戦略

　目指す社会の姿を実現するために、以下の戦略を掲げている。

（1）デジタル化による成長戦略

（2）医療・教育・防災・こども等の準公共分野のデジタル化

（3）デジタル化による地域の活性化

（4）誰一人取り残されないデジタル社会

（5）デジタル人材の育成・確保

（6）ＤＦＦＴ（信頼性のある自由なデータ流通）の推進を始めとする国際戦略

3．デジタル社会の実現に向けての理念・原則

デジタル化の推進とその効果を最大化するため、「誰一人取り残されないデジタル社会の実現」という理念の下、(ⅰ) デジタル社会を形成するための10原則、(ⅱ) デジタル化の３原則、(ⅲ) 業務改革・規制改革、(ⅳ) クラウド・バイ・デフォルトの原則をあらゆる施策や取組みにおいて徹底する。

【補足】「デジタル社会を形成するための10原則」

①オープン・透明	⑥迅速・柔軟
②公平・倫理	⑦包摂・多様性
③安心・安全	⑧浸透
④継続・安定・強靭	⑨新たな価値の創造
⑤社会課題の解決	⑩飛躍・国際貢献

4．デジタル化の基本戦略

① デジタル社会の実現に向けた構造改革	④ サイバーセキュリティ等の安全・安心の確保
デジタル臨時行政調査会で策定されたデジタル規制・行政改革に通底する構造改革のためのデジタル原則（「デジタル完結・自動化原則」「官民連携原則」「共通基盤利用原則」など）に沿って、**現場のデジタル化を阻害する規制・制度の横断的な見直し**を行う。	**クラウドサービスの利用拡大**などを通じて、利便性の向上とデジタル情報等の安全性確保を両立する。**個人情報の保護、サイバー犯罪防止、災害対策**に取り組む。
② デジタル田園都市国家構想の実現	⑤ 包括的データ戦略の推進
デジタルの力を全面的に活用し、地域の個性と豊かさを生かしつつ、都市部と同等以上の生産性・利便性も兼ね備えた「**デジタル田園都市国家構想**」の実現を目指す。	トラスト基盤構築を推進。ベース・レジストリの整備の推進等。オープンデータの推進。
	⑥ デジタル産業の育成
	クラウドサービス産業・ＩＴスタートアップの育成。
③ 国際戦略の推進	⑦ Web3.0の推進
ＤＦＦＴの推進に向けた国際連携。諸外国デジタル政策関連機関との連携強化。	ブロックチェーン技術を基盤とするＮＦＴの利活用等の環境整備。

問題 デジタル社会の実現に向けた重点計画

次の記述について、妥当なものはどれか。

1. わが国の目指すデジタル社会とは、「デジタルの活用により、一人ひとりのニーズに合ったサービスを選ぶことができ、多様な幸せが実現できる社会」をいう。これにより、デジタル化を利活用できる者だけがその恩恵を受ける社会を目指すものである。

2. デジタル社会実現に向けての戦略は、主にデジタル人材の育成やデジタル化による成長戦略や医療・教育・防災・こども等の準公共分野のデジタル化などの内容となっているが、地域活性化については、自治体に任せるべきであり、今回の国家戦略には規定されていない。

3. 「誰一人取り残されないデジタル社会の実現」という理念の下、デジタル社会を形成するための3原則、業務改革・規制改革、クラウドバイデフォルトの原則を掲げている。

4. デジタル化の基本戦略として、デジタル田園都市国家構想の実現、デジタル産業の育成、デジタル社会の実現に向けた構造改革などを掲げているが、「構造改革ありき」の姿勢で、サイバーセキュリティ等の安全・安心の確保は改革の後に進めていく方針のもと、基本戦略には入れられていない。

5. デジタル社会の実現に向けた構造改革においては、デジタル臨時行政調査会で策定されたデジタル規制・行政改革に通底する構造改革のためのデジタル原則に沿って、現場のデジタル化を阻害する規制・制度の横断的な見直しを行うとする。

解答・解説

1. わが国の目指すデジタル社会とは、「デジタルの活用により、一人ひとりのニーズに合ったサービスを選ぶことができ、多様な幸せが実現できる社会」をいう。これにより、**デジタル化を利活用できる者だけがその恩恵を受ける社会を目指す**ものである。
×誰一人取り残されない、人に優しいデジタル化を目指すものである。

2. デジタル社会実現に向けての戦略は、主にデジタル人材の育成やデジタル化による成長戦略や医療・教育・防災・こども等の準公共分野のデジタル化などの内容となっているが、**地域活性化については、自治体に任せるべきであり、今回の国家戦略には規定されていない。**
×デジタル化による地域の活性化も含まれている。

3. 「誰一人取り残されないデジタル社会の実現」という理念の下、デジタル社会を形成するための**3原則**、業務改革・規制改革、クラウドバイデフォルトの原則を掲げている。
×10原則の誤り。内容面も大事だが、概要は掴んでおきたい。

4. デジタル化の基本戦略として、デジタル田園都市国家構想の実現、デジタル産業の育成、デジタル社会の実現に向けた構造改革などを掲げているが、**「構造改革ありき」の姿勢で、サイバーセキュリティ等の安全・安心の確保は改革の後に進めていく方針のもと、基本戦略には入れられていない。**
×「構造改革ありき」の方針は示しておらず、サイバーセキュリティ等の安全・安心の確保は基本戦略に入っている。

5. デジタル社会の実現に向けた構造改革においては、デジタル臨時行政調査会で策定されたデジタル規制・行政改革に通底する構造改革のためのデジタル原則に沿って、**現場のデジタル化を阻害する規制・制度の横断的な見直しを行うとする。**→○そのとおり。デジタル化を阻害する規制・制度の横断的見直しを進める方針である。

正解 5

重要度 A

9 デジタル社会形成整備法等

))(ここがポイント)((

デジタル社会形成整備法は、「デジタル社会」の形成に向けた対応として必要となる法制上の措置をするものである。

【「デジタル社会」の形成に向けた対応に必要となる法制上の措置】

①	個人情報保護制度の見直し
②	マイナンバーを活用した情報連携の拡大等による行政手続の効率化

- 国家資格に関する事務等におけるマイナンバーの利用および情報連携を可能とする目的で、行政手続の際の添付書類を省略できるようにする(施行日:2025年5月18日までの政令で定める日)。
- 従業員本人の同意があった場合における転職時等の使用者間での特定個人情報の提供を可能とする(施行日:2021年9月1日)。

③	マイナンバーカードの利便性の抜本的向上、発行・運営体制の抜本的強化

- **住所地市区町村が指定した郵便局**において、公的個人認証サービスの**電子証明書の発行・更新等を可能とする**(施行日:2021年5月19日)。
- 公的個人認証サービスにおいて、本人の同意に基づき、基本4情報の提供を可能とするとともに、電子証明書について、マイナンバーカードに加え、スマートフォンへの搭載を可能とすることで、スマートフォンのみによる行政手続等が実現する(施行日:2023年5月18日までの政令で定める日)。
- マイナンバーカード所持者の転出届に関する情報を、転入地に事前通知する制度を設け、転出・転入手続の時間短縮化、ワンストップ化を図る(施行日:2023年2月6日)。
- 地方公共団体情報システム機構によるマイナンバーカード関係の事務について、国による目標設定、計画認可、財源措置等の規定等を整備する(施行日:2021年9月1日)。

④	押印・書面の交付等を求める手続の見直し

- 押印を求める各種手続についてその押印を不要とし、書面の交付等を求める手続について電磁的方法により行うことも可能とする。

1. 公金受取口座登録法

公金受取口座登録法は、**国民の任意**で、公金受取りのために**預貯金口座(1人1口座)の情報をマイナンバーとともに事前に国に登録してもらう**制度を創設するものである。その口座情報を災害などの緊急時の給付金、国税の還

付金や児童手当等の幅広い公的給付を行う行政機関等に提供し、給付金の支給事務に利用できるようにする（施行日：一部を除き、2021年5月19日）。

【補足】

> 公金受取口座登録制度は、2020年のコロナ禍での突発的な給付金支給事務における課題を踏まえたものである。① 登録された口座情報を利用することにより、これまでよりも迅速な給付が可能となる。また② 法律に基づかない緊急時の給付金支給事務などであっても、内閣総理大臣が特定公的給付に指定することで、当該給付金の支給事務にマイナンバーを利用することができる。

2．預貯金口座個人番号利用申出法（口座管理法）

　預貯金口座個人番号利用申出法（**口座管理法**）は、**本人の同意を前提に、一度に複数の預貯金口座へのマイナンバーの付番が行える仕組み等**を設け、預貯金口座への付番を推進するとともに、**相続時・災害時**において、付番された**預貯金口座の所在を国民が確認できる仕組み**を新たに設けるものである（施行日：一部を除き、2024年5月19日までの政令で定める日）。

　公正な社会保障給付や税負担の実現に資する観点から、預貯金等の内容に関する事項を預貯金者等のマイナンバーにより検索ができる状態で管理することを金融機関に義務付けている（2018年から開始）。しかし、預貯金口座については、金融機関は、預貯金者にマイナンバーの届出を促す義務は課せられていなかった。

　預貯金口座個人番号利用申出法は、① **預貯金者が自らの判断**で、金融機関の**窓口等に直接申し出る**だけでなく、**マイナポータルからも預貯金口座への付番を可能**とし、② **1回の付番の申出**により、本人が**他の金融機関にもつ預貯金口座についても**、預金保険機構を通じて付番を可能にする。また、③ **金融機関**には預貯金口座の**開設時等**一定の取引を行う際に、預貯金者に対して**預貯金口座への付番の希望の有無を確認することを義務**付けている。

3．地方公共団体情報システム標準化法

　地方公共団体情報システム標準化法では、**地方公共団体の情報システムの標準化**を進めるために、**政府による基本方針の策定**等の必要な事項が定められている（施行日：2021年9月1日）。

問題 **デジタル社会形成整備法等**

次の記述について、妥当なものはどれか。

1. デジタル社会形成整備法は、「デジタル社会」の形成に向けた対応として必要となる法制上の措置をするものである。しかし、具体的な措置は全く決まっておらず、今後の制定によるとする。

2. デジタル社会の実現に向けて、スマートフォンのみによる行政手続等も進められているが、住所地市区町村が指定した郵便局において、公的個人認証サービスの電子証明書の発行・更新等を可能とする制度は未だ実現していない。

3. 口座情報を災害や感染症などの緊急時の給付金、国税の還付金や児童手当等の幅広い公的給付の支給を行う行政機関等に提供し、給付金の支給事務に利用できるよう、強制的に公金受取りのために預貯金口座（1人1口座）の情報をマイナンバーとともに事前に国に登録するという公金受取口座登録法が施行された。

4. 預貯金口座個人番号利用申出法（口座管理法）は、本人の同意を前提に、一度に複数の預貯金口座へのマイナンバーの付番が行える仕組み等を設け、預貯金口座への付番を推進するとともに、相続時・災害時において、付番された預貯金口座の所在を国民が確認できる仕組みを新たに設けるものである。

5. 地方公共団体情報システム標準化法では、地方公共団体の情報システムの標準化を進めるべく、詳細かつ具体的な規定が定められ、事実上、手続きが統一化されたといえる。

解答・解説

1. デジタル社会形成整備法は、「デジタル社会」の形成に向けた対応として必要となる法制上の措置をするものである。しかし、**具体的な措置は全く決まっておらず、今後の制定によるとする**。
×デジタル社会形成整備法では、個人情報保護制度の見直しや
マイナンバーの利活用など措置が定められている。

2. デジタル社会の実現に向けて、スマートフォンのみによる行政手続等も進められているが、**住所地市区町村が指定した郵便局**において、公的個人認証サービスの電子証明書の発行・更新等を可能とする制度は**未だ実現していない**。
×住所地市区町村が指定した郵便局で電子証明書の発行・更新等が可能に。

3. 口座情報を災害や感染症などの緊急時の給付金、国税の還付金や児童手当等の幅広い公的給付の支給を行う行政機関等に提供し、給付金の支給事務に利用できるよう、**強制的に**公金受取りのために預貯金口座（1人1口座）の情報をマイナンバーとともに事前に国に登録するという公金受取口座登録法が施行された。
×あくまで「任意的」に行う。強制ではない。

4. 預貯金口座個人番号利用申出法（口座管理法）は、**本人の同意を前提**に、一度に複数の預貯金口座へのマイナンバーの付番が行える仕組み等を設け、預貯金口座への付番を推進するとともに、相続時・災害時において、付番された**預貯金口座の所在を国民が確認できる**仕組みを新たに設けるものである。
○本人の同意の有無は確認すべき。

5. 地方公共団体情報システム標準化法では、地方公共団体の情報システムの標準化を進めるべく、**詳細かつ具体的な規定が定められ、事実上、手続きが統一化されたといえる**。
×政府による基本方針の策定がなされたが、詳細な規定までは規定されず、
事実上の統一化まではされていない。

第2章 情報

正解 4

LEC東京リーガルマインド 2024年版 公務員試験 時事のトリセツ
②自然科学・情報

149

重要度 A

10 個人情報保護法改正

>>> ここがポイント <<<

2003年に個人情報保護法が制定された。ただ、個人情報の保護だけでなく、情報の活用のバランスを重視し、より利用しやすいよう個人情報保護法が改正された。ここではポイントを確認しよう。

1．個人情報保護法の成立までの歴史

以前より個人情報の大量漏えい事件が社会問題化していた。

元々、住民基本台帳ネットワークシステム（住基ネット）は、地方公共団体が管理する住民基本台帳を電子データ化してネットで結ぶ計画であった。そのため、**政府が住基ネットを導入する際に**（1999年の住民基本台帳法改正）、**民間部門を規制すべき個人情報保護法が未制定のままでは、民間部門への流出事故が起きた場合に対応できない**ことが懸念された。

⇒ これらを受けて、2003年5月、**個人情報保護法**（「個人情報の保護に関する法律」）が成立した。

2．2021年改正前までの個人情報保護法の方針

個人情報保護法制定後、①社会における個人情報に対する意識の高まり、②**技術革新を踏まえた保護と利活用のバランス**、③越境データの流出増大に伴う新たなリスク等の観点から、個人情報保護法の改正になった。

【参考：2021年改正前の個人情報保護法制の体系】

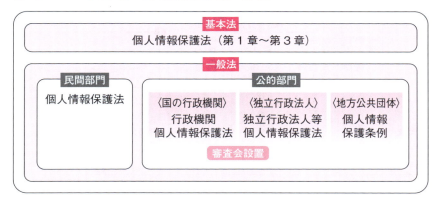

3. 2022年・2023年施行の個人情報保護法改正

　2021年5月に成立・公布された「デジタル社会形成整備法」により、**個人情報保護法、行政機関個人情報保護法および独立行政法人等個人情報保護法**が「**個人情報保護法**」に統合されるとともに、**地方公共団体**の個人情報保護条例についても、「個人情報保護法」により**全国的な共通ルール**が規定され、全体の所管を**個人情報保護委員会に一元化**することとなった（2022年4月1日施行。ただし、地方公共団体等に適用される規定は2023年4月1日施行）。

【今回の法改正の概要】

① **個人情報保護法、行政機関個人情報保護法、独立行政法人等個人情報保護法の3本の法律を1本の法律に統合**するとともに、地方公共団体の個人情報保護制度についても統合後の法律において全国的な共通ルールを規定し、全体の所管を**個人情報保護委員会に一元化**。
② **医療分野・学術分野の規制を統一**するため、国公立の病院や大学等には原則として民間の病院、大学等と同等の規律を適用。
③ 学術分野を含めたGDPRの十分性認定への対応を目指し、学術研究に係る適用除外規定について、**一律の適用除外ではなく、義務ごとの例外規定として精緻化**。
④ 個人情報の定義等を国・民間・地方で統一するとともに、行政機関等での匿名加工情報の取扱いに関する規律を明確化。

	2021年改正前				2021年改正後
所管	総務省		個人情報保護委員会	各地方公共団体	個人情報保護委員会 ❶
法令	行政機関個人情報保護法	独立行政法人等個人情報保護法	個人情報保護法	個人情報保護条例	個人情報保護法
対象	国の行政機関	独立行政法人等	民間事業者	地方公共団体等	国の行政機関 地方公共団体* 等　／　民間事業者・国立病院・公立病院・国立大学・公立大学・国立研究開発法人 等 ❷
学術研究			適用除外		対象を拡大し、規律を精緻化 ❸
個人情報の定義等	照合可能性		容易照合可能	団体により異なる	容易照合可能性(個人情報保護法の定義に統一) ❹
	非識別加工情報		匿名加工情報	規定なし(一部団体)	匿名加工情報(個人情報保護法の名称に統一し、規律を明確化)

＊条例による必要最小限の独自の保護措置を許容

▶MEMO

| 問題 | **個人情報保護法改正**

次の記述について、妥当なものはどれか。

1. かつての行政による情報漏えい事件を受けて、個人情報保護の機運が高まった。そこで、当時存在した住民基本台帳ネットワークを廃止し全面的に変更するため、住民基本台帳ネットワークの後継として個人情報保護法が制定された。

2. 個人情報保護法は個人情報の保護と情報の利活用のバランスが重視されていた。しかし、近年の情報漏えいなどの問題を重視し、2021年の改正では、より一層個人情報保護を重視し、情報の利活用は行わないという方向になった。

3. これまで個人情報保護法が規定されていたが、個人情報の重要性・多様性の観点から、「個人情報保護法」「行政機関個人情報保護法」および「独立行政法人等個人情報保護法」に分離させることになった。

4. 今回の個人情報保護法の改正では、地方公共団体の個人情報保護条例についても、「個人情報保護法」により全国的な共通ルールが規定され、全体の所管を個人情報保護委員会に一元化することとなった。

5. 学術分野を含めたGDPR（EU一般データ保護規則）の十分性認定への対応を目指し、学術研究に係る適用除外規定について、一律適用除外とした。

解答・解説

1. かつての行政による情報漏えい事件を受けて、個人情報保護の機運が高まった。そこで、**当時存在した住民基本台帳ネットワークを廃止し全面的に変更**するため、**住民基本台帳ネットワークの後継として**個人情報保護法が制定された。

×住民基本台帳ネットワークを進める上で民間部門への流出事故が起きた場合に対応できないため。
×住民基本台帳ネットワークの後継ではない。

2. 個人情報保護法は個人情報の保護と情報の利活用のバランスが重視されていた。しかし、近年の情報漏えいなどの問題を重視し、2021年の改正では、**より一層個人情報保護を重視し、情報の利活用は行わない**という方向になった。

×むしろ逆。かつては個人情報保護を重視していたが、近年は個人情報の保護と情報の利活用のバランスを重視。

3. これまで個人情報保護法が規定されていたが、個人情報の重要性・多様性の観点から、「**個人情報保護法**」「**行政機関個人情報保護法**」および「**独立行政法人等個人情報保護法**」に**分離**させることになった。

×これも逆。3つの法律が個人情報保護法に統合された。

4. 今回の個人情報保護法の改正では、**地方公共団体の個人情報保護条例**についても、「個人情報保護法」により**全国的な共通ルールが規定**され、全体の所管を個人情報保護委員会に一元化することとなった。

→○個人情報保護条例についても全国的な共通ルールが規定されたこと&書簡が個人情報保護委員会に一元化は確認。

5. 学術分野を含めたＧＤＰＲ（ＥＵ一般データ保護規則）の十分性認定への対応を目指し、**学術研究に係る適用除外規定について、一律適用除外**とした。

×一律の適用除外ではなく、義務ごとの例外規定として精緻化。

【補足】

> 「ＥＵ一般データ保護規則」（GDPR：General Data Protection Regulation）とは、個人データ保護やその取り扱いについて詳細に定められたＥＵ域内の各国に適用される法令である。

正解　　4

重要度 A

11 デジタル手続法

> **ここがポイント**
>
> 行政手続についてもデジタル化が進められている。具体的には医療分野や防災分野など様々な分野で行われている。ここではどのような手続がオンライン化されているかなどを確認しよう。

1．デジタル手続法の概要

2019年5月制定の**デジタル手続法**は、情報通信技術を活用し、行政手続等の利便性の向上や行政運営の簡素化・効率化を図るため、① **行政のデジタル化に関する基本事項**および**行政手続の原則オンライン化**のための必要な事項を定める（行政手続オンライン化法の改正）とともに、② **行政のデジタル化を推進**するための個別分野における各種施策を講ずるもの（住民基本台帳法・公的個人認証法・番号利用法の改正）である（2019年12月公布）。

【行政のデジタル化を推進するための個別施策】

Ⅰ	本人確認情報の長期かつ確実な保存（施行日：2019年6月20日）
\multicolumn{2}{l|}{・住民票および戸籍の**附票**について、**消除した後も除票として保存することを市町村長に義務づける**（※ 保存期間を**5年から150年に延長**）。 ※消除された住民票等は、本人確認情報の原本として各種行政事務の基盤となる。}
Ⅱ	**国外転出者**による個人番号カード・公的個人認証の利用（施行日：2024年5月30日までの政令で定める日）
\multicolumn{2}{l|}{・国外転出後も利用可能な「**戸籍の附票**」を個人認証の基盤として活用し、**国外転出者による個人番号カード・公的個人認証（電子証明書）の利用を実現**する。}
Ⅲ	利用者証明用電子証明書の利用方法の拡大（施行日：2020年5月25日）
\multicolumn{2}{l|}{・電子証明書のうち**利用者証明用電子証明書**について、**暗証番号入力を要しない利用方法を導入**する（特定利用者証明検証者の認可制度の創設）。 ⇒ **個人番号カードを健康保険証として利用**（2021年10月から本格運用）}
Ⅳ	個人番号カードへの移行促進（施行日：2020年5月25日）
\multicolumn{2}{l|}{・個人番号の通知を「**通知カード**」によらずに、**個人番号通知書により行う**。併せて「通知カード」の記載事項変更等の**手続を廃止**する。 ※施行日時点で交付されている「通知カード」は、その記載事項に変更がない場合等については、引き続き個人番号証明書類として利用することができる（経過措置）。}

V	個人番号利用事務および情報連携の範囲の拡充（施行日：原則として2019年5月31日）

・**罹災証明書**の交付に関する事務等の**個人番号利用の範囲の拡充**。
・**乳幼児に対する健康診査**に関する事務等の**情報連携の範囲の拡充**。
※年金生活者支援給付金関係情報に係る情報連携の拡充については2019年10月1日施行。

2．デジタル化3原則

　2019年の行政手続オンライン化法の改正により、同法は法律の題名を「情報通信技術を活用した行政の推進に関する法律」（デジタル行政推進法）に改めた。デジタル行政推進法は、「国、地方公共団体、民間事業者、国民その他の者があらゆる活動において情報通信技術の便益を享受できる社会」の実現を目的に掲げ（1条）、政府の基本計画等で言及されていたデジタル化の3原則（「**デジタルファースト**」「**ワンスオンリー**」「**コネクテッド・ワンストップ**」）**を法律上も基本原則として規定**する（2条各号）。

【デジタル化の3原則】

デジタルファースト	原則として、個々の手続・サービスが一貫してデジタルで完結する
ワンスオンリー	1度提出した情報は、2度提出することを不要とする
コネクテッド・ワンストップ	民間サービスを含め、複数の手続・サービスがどこからでも1カ所で実現する

【補足】

　これまで、国民・企業が利便性・サービスの向上を実感できていないなどの課題が指摘されていた。(ⅰ) デジタル行政推進法には、① **行政手続のオンライン原則（※ 地方公共団体等は努力義務）**、② **添付書類の撤廃**、③ 情報システム整備計画、④ デジタルディバイドの是正、⑤ 民間手続のオンライン化の促進に関する規定が置かれている。(ⅱ) デジタル行政推進法に基づく情報通信技術を利用して行われる手続等に係る国の行政機関等の情報システムの整備に関する計画と一体のものとして、2019年にデジタル・ガバメント実行計画の改訂版が閣議決定された。

第2章　情報

問題 **デジタル手続法**

次の記述について、妥当なものはどれか。

1. 行政手続のデジタル化に伴い、住民票および戸籍の附票については、保存期間を150年から5年に短縮し、ペーパーレス化を実現することを市町村長に義務づける。

2. デジタル化三原則のうち、いわゆる「コネクテッド・ワンストップ」については、複数の手続・サービスがどこからでも1カ所で実現するとするものであり、これには民間サービスは含まれない。

3. 行政手続のデジタル化に伴い、個人番号カードを健康保険証として利用することになった。これにより健康保険証は2023年4月で完全に廃止となった。

4. いわゆる個人番号について、これまでは「個人番号通知書」が住民ひとりひとりに簡易書留により郵送されていた。しかし、令和2年以降は通知カードが届けられている。

5. 個人番号（いわゆるマイナンバー）はさまざまな分野で用いられているが、近年では罹災証明書の交付に関する事務や、乳幼児に対する健康診査に関する事務等の情報連携などにも利用できるとされている。

解答・解説

1. 行政手続のデジタル化に伴い、住民票および戸籍の附票については、

保存期間を150年から5年に短縮し、ペーパーレス化を実現すること
×住民票と戸籍の附票は本人確認情報の原本として150年間保存延長に。
を市町村長に義務づける。

2. デジタル化三原則のうち、いわゆる「コネクテッド・ワンストップ」につ

いては、複数の手続・サービスがどこからでも1カ所で実現するとする

ものであり、これには**民間サービスは含まれない**。
×民間サービスも含み、デジタル化を進める。

3. 行政手続のデジタル化に伴い、個人番号カードを健康保険証として利用

することになった。これにより**健康保険証は2023年4月で完全に廃止**
×2023年現在まだ完全廃止になっていない（2024年秋予定）。
となった。

4. いわゆる個人番号について、これまでは「**個人番号通知書**」が住民ひとり

ひとりに簡易書留により郵送されていた。しかし、**令和2年以降は通知**

カードが届けられている。×逆。「通知カード」が廃止され「個人番号通知書」になった。

5. 個人番号（いわゆるマイナンバー）は**さまざまな分野で用いられている**
○行政手続の効率化に個人番号は利用されていることも確認しよう。
が、近年では**罹災証明書**の交付に関する事務や、**乳幼児に対する健康診**

査に関する事務等の情報連携などにも利用できるとされている。

第2章　情報

| 正解 | 5 |

12 プロバイダ責任制限法

> **ここがポイント**
>
> インターネット上の書き込みについては、表現の自由という人権保護とともに、被害者への名誉棄損・侮辱という問題が混在する。この問題に関連する法律としてプロバイダ責任制限法がある。

1．プロバイダ責任制限法の概要

インターネット上における名誉棄損や侮辱の書き込みがあった場合でも、管理者（プロバイダ）が発信者の同意なく削除すると「著作権法」に抵触する。しかし、そのまま放置すれば、被害が拡大するだけでなく、プロバイダも損害賠償を請求されることになる。このような問題に対応すべく、プロバイダ責任制限法が制定された。

（1） プロバイダの損害賠償責任

書き込みなどで権利が侵害されていることが明らかな場合、その情報を削除しても、発信者に損害賠償責任を負わない。また、権利侵害を知らなかった場合、書き込み情報などを削除せず放置した場合でも、被害者に対する賠償責任は負わない。

（2） 発信者情報の開示

権利の侵害などが明らかで、損害賠償請求権の行使のためなどに必要な場合、被害者は発信者情報の開示をプロバイダに請求できる。

2．発信者情報の開示手続

インターネット上の書き込みなどによる侮辱・名誉棄損などの被害者が、損害賠償等を請求する場合、**加害者たる発信者の情報が必要**となる。しかし、これまでのプロバイダ責任制限法の下では、発信者情報が裁判外で任意に開示されることは少なく、以下のような複数の裁判を利用する必要があった。

① コンテンツプロバイダへの開示請求

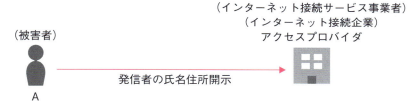

② アクセスプロバイダへの開示請求

③ 発信者への損害賠償請求

（被害者）　　　　　損害賠償請求　　　　　（発信者）
　A　　　　　　　　　　　　　　　　　　　　　B

　このような状況では、**裁判が長期に及ぶ**うえ、**短期保存のログが消えて**しまう危険があり、さらに**被害者にとって金銭的・精神的負担も多大**なものとなってしまう。
　そこで、これまでのプロバイダ責任制限法上の開示請求権を**存置**し、これに加えて**非訟事件としての請求手続**を設けることとした。これにより、簡易かつ迅速に行うことができるように、発信者情報の開示請求を1つの手続で行うことを可能にした。
　すなわち、
① アクセスプロバイダ（通信事業者等）の名称と住所が判明する場合、提供命令により、コンテンツプロバイダがアクセスプロバイダの名称と住所を被害者に提供する（改正法15条1項1号イ）。
　次に、
② これをもとに被害者が同じ裁判所に対して、アクセスプロバイダに対する開示命令を申し立てることにより、コンテンツプロバイダからア

クセスプロバイダに対して、IPアドレス等アクセスプロバイダが発信者を特定するための発信者情報が提供される(提供命令・同2号)。

【まとめ　発信者情報開示命令事件に関する裁判手続】

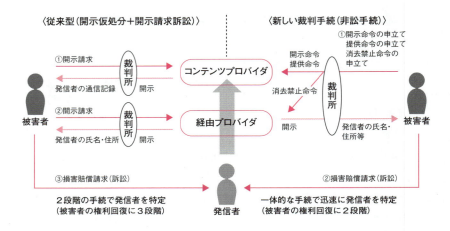

MEMO

問題 プロバイダ責任制限法

以下の選択肢のうち、妥当なものを選べ。

1. プロバイダ責任制限法は、たとえば他人のＩＤ、パスワード等を不正に利用するなど、ネットワークを利用したなりすまし行為などについて、権利侵害の存否を問わずこれを防止する責任を、プロバイダについて軽減している。

2. プロバイダ責任制限法は、プロバイダに加えて、インターネットの掲示板に書き込みをする者、書き込みを閲覧する者についても責任を認めており、責任の程度は制限しているが、責任を負う者の範囲を制限しているわけではない。

3. インターネットの書き込みなどによる被害者は、無条件でプロバイダに対し、情報発信者の情報を開示請求できる。

4. インターネット掲示板などの書き込みに対し、被害者が発信者を特定し、損害賠償責任を追及しようとする場合、当初から簡易な手続きで発信者特定が認められていたが、誤った情報開示を防ぐべく、手続きが厳格化された。

5. これまでの情報開示請求では、裁判が長期化して被害者にとって金銭的・精神的負担も多大なものとなってしまうことから、これまでのプロバイダ責任制限法上の開示請求権を存置し、これに加えて非訟事件としての請求手続を設けることとした。

解答・解説

1. ~~**プロバイダ責任制限法**は、たとえば他人のＩＤ、パスワード等を不正に~~
   ×この説明は、不正アクセス禁止法という別法律。
   利用するなど、ネットワークを利用したなりすまし行為などについて、権利侵害の存否を問わずこれを防止する責任を、プロバイダについて軽減している。→法律はまずは概要を掴もう。

2. ~~プロバイダ責任制限法は、プロバイダに加えて、インターネットの掲示板に書き込みをする者、**書き込みを閲覧する者についても責任を認めて**~~
   ×この法律は書き込みを閲覧する者への責任は規定していない。
   おり、責任の程度は制限しているが、責任を負う者の範囲を制限しているわけではない。

3. ~~インターネットの書き込みなどによる被害者は、**無条件で**プロバイダに対し、情報発信者の情報を開示請求できる。~~
   ×権利の侵害などが明らかで、損害賠償請求権の行使のためなどに必要な場合に限定。

4. ~~インターネット掲示板などの書き込みに対し、被害者が発信者を特定し、損害賠償責任を追及しようとする場合、**当初から簡易な手続きで発信者特定が認められていたが**、誤った情報開示を防ぐべく、**手続きが厳格化**された。~~
   ×手続きが複雑だったが、より迅速な別の手段も規定された。

5. これまでの情報開示請求では、裁判が長期化して被害者にとって金銭的・精神的負担も多大なものとなってしまうことから、これまでのプロバイダ責任制限法上の開示請求権を存置し、**これに加えて非訟事件としての請求手続を設けることとした。**
   ○この手続きにより、発信者情報の開示手続を、簡易かつ迅速に行うことが可能に。

正解　5

13 情報通信に関する法令

重要度 A

ここがポイント

情報通信技術が進み、社会に新たな問題が生じる中、その社会変化に合わせて法律が制定されている。ここでは、さまざまな法律のポイントを簡潔に押さえておこう。

1. 電子消費者契約法

【電子消費者契約に関する民法の特例】

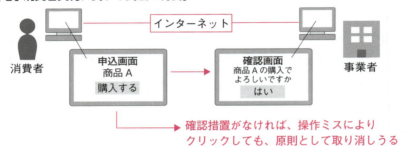

確認措置がなければ、操作ミスによりクリックしても、原則として取り消しうる

2. 電子帳簿保存法改正（2022年1月1日施行）

この法律は、納税者の文書保存に係る負担軽減の観点から、電磁的記録による保存を認める法律である。

電子帳簿保存法上、電磁的記録による保存は、以下の3つに区分される。

①電子帳簿等保存	電子的に作成した帳簿・書類を**データのまま保存**
②スキャナ保存	紙で受領・作成した**書類を画像で保存**
③電子取引	電子的に授受した取引情報を**データで保存**

改正ポイントは以下のとおりである。

【2022年1月施行　電子帳簿保存法改正ポイント】

①	電子帳簿等保存制度に係る**手続の簡素化** （税務署長の事前承認制度の廃止など）
②	・スキャナ保存制度の要件緩和（税務署長の事前承認制度の廃止など） ・不正行為に係る担保措置の創設（重加算税の規定など）
③	電子取引に係るデータ保存制度の要件の見直し、保存方法の適正化

3．キャッシュレス法（2022年11月1日施行）

　商取引におけるキャッシュレス決済の普及を踏まえ、**国の歳入等の納付**において、従前認められていた現金等の納付方法に加えて、**インターネットバンキングやクレジットカード決済等によるキャッシュレス納付を可能**にすることにより、国の歳入等の納付に係る関係者の利便性の向上を図る。

4．労働基準法改正（2023年4月1日施行）

　労働基準法においては、給与の支払いについては、**現金を手渡しで支払うのが原則**とされている。例外的に労働者の同意があれば、

・銀行口座・証券総合口座への振り込み

が認められていたが、これに加えて2023年4月1日より、

・**労働者の同意を得た上で、一定の要件を満たした場合に限って、デジタルマネーによる給与の支払いが可能**となった。

5．不正アクセス禁止法

　不正アクセス禁止法は、高度情報通信社会の健全な発展に寄与することを目的としている。

（1）不正アクセス行為（**不正ログイン**やコンピュータの不備をつく行為）、

（2）他人の識別符号（**IDやパスワード）を不正に取得**する行為、

（3）他人の識別符号を**不正に保管**する行為、

（4）不正アクセス行為を助長する行為、

（5）識別符号の入力を不正に要求する行為（**フィッシング行為**）

が禁止されている。違反者は**刑罰の対象**となる。

第2章　情報

問題 情報通信に関する法令

次の記述について、妥当なものはどれか。

1. 電子消費者契約法により、一定の場合には契約を取り消すことができるが、インターネットなどの取引の際、操作ミスにより申し込みをクリックした場合には取り消すことはできない。

2. 昨今の経済社会のデジタル化を踏まえ、税務署長の事前承認制度が制定された。

3. 労働基準法においては、給与は原則として手渡しとされているが、例外として労働者の同意があれば銀行口座への振込も認められる。しかし、デジタルマネーによる支払いはいまだ検討段階で認められていない。

4. 国の歳入等の納付において、以前より認められていた現金等の納付方法だけでなく、インターネットバンキングやクレジットカード決済等によるキャッシュレス納付が可能となった。

5. 不正アクセス禁止法は、その名の通り不正アクセスを禁止した法である。具体的には①不正ログインや、②コンピュータの不備をつく、いわゆるセキュリティホール攻撃、またはフィッシング行為を対象としており、IDやパスワードを不正に取得するような行為はいまだアクセスにはあたらず禁止されていない。

解答・解説

1. 電子消費者契約法により、一定の場合には契約を取り消すことができるが、インターネットなどの取引の際、**操作ミスにより申し込みをクリックした場合には取り消すことはできない。**

×操作ミスで申込した場合でも確認措置がなければ取消可能。

2. 昨今の経済社会のデジタル化を踏まえ、**税務署長の事前承認制度が制定**された。

×デジタル化促進＝手続きの簡易化のため、承認制度廃止。

3. 労働基準法においては、給与は原則として手渡しとされているが、例外として労働者の同意があれば銀行口座への振込も認められる。しかし、**デジタルマネーによる支払いはいまだ検討段階で認められていない。**

×デジタルマネーによる給与支払いも認められるようになった。

4. 国の歳入等の納付において、以前より認められていた現金等の納付方法だけでなく、インターネットバンキングやクレジットカード決済等によるキャッシュレス納付が可能となった。 →○国の歳入等への納付もキャッシュレス納付が可能となった。

5. 不正アクセス禁止法は、その名の通り不正アクセスを禁止した法である。具体的には①不正ログインや、②コンピュータの不備をつく、いわゆるセキュリティホール攻撃、またはフィッシング行為を対象としており、ＩＤや**パスワードを不正に取得するような行為はいまだアクセスにはあたらず禁止されていない。**

×ＩＤやパスワードを不正取得する等の行為も不正アクセス禁止法で禁止されている。

正解　4

重要度 A

14 デジタル田園都市国家構想

>>> ここがポイント <<<

デジタル田園都市国家構想とは、デジタル技術を活用して、地方の個性を活かしながら社会課題の解決と魅力の向上を図る構想をいう。デジタル田園都市国家構想の目標は、「地方に都市の利便性を、都市に地方の豊かさを」を実現して、全国どこでも誰もが便利で快適に暮らせる社会を目指すことである。

1．日本の課題

- 地方の人口減少や少子高齢化、産業空洞化などによる**地域格差の拡大**
- **都市の人口密度**が高く、感染症や災害などのリスクが高いこと
- デジタル技術の利活用が**遅れており**、生活やビジネスにおける**利便性や効率性が低いこと**

⇒ これらの課題を解決するために、政府は以下のような対策を進める。

2．具体例

（1） デジタルの力を活用した地方の社会課題解決

① **地方に仕事をつくる**
（例：中小企業や観光分野ＤＸ、スタートアップ、スマート農林水産業）
② **人の流れをつくる**
（例：「**転職なき移住**」の推進、二地域居住等の推進、地方の魅力向上）
③ **結婚・出産・子育ての希望をかなえる**
（例：デジタル技術活用の子育て支援、仕事と子育て・介護の両立）
④ **魅力的な地域をつくる**
（例：ＧＩＧＡスクール、まちづくりＤＸ、防災、地域コミュニティの維持）

【評価指標】

①**地方公共団体1,000団体**が2024年度末までに**デジタル実装**に取り組む

②2024年度末までにサテライトオフィス等を地方公共団体1,000団体に設置

③地域づくり・まちづくりを推進する**ハブとなる経営人材を国内100地域**に展開

（2） 構想を支えるハード・ソフトのデジタル基盤整備

① **デジタルインフラの整備**
- （例） 全国的な光ファイバー網の整備、５Ｇ網の整備、Beyond 5G 通信インフラの超高速化・省電力化

② **マイナンバーカードの普及促進・利活用拡大**
- （例） 健康保険証公金受取口座の登録、運転免許証等との一体化 子育て・介護等の31手続のオンライン化、スマホ搭載等

③ **データ連携基盤の構築**
- （例） 地方・準公共・企業間などのサービス利活用を促進するため、データ連携基盤の構築、産業活動に関わるソフトインフラの構築

④ **ＩＣＴの活用による持続可能性と利便性の高い公共交通ネットワークの整備**
- （例） 持続可能性と利便性の高い地域公共交通ネットワークの再構築 最先端のデジタル技術を活用したリニア中央新幹線の早期整備

⑤ **エネルギーインフラのデジタル化**
- （例） 送配電インフラの増強やデジタル化による運用の高度化

【評価指標】

- **光ファイバー**の世帯カバー率を**2027年度末までに99.9％**
- **５Ｇの人口カバー率2030年度末99％**
- **海底ケーブルを2025年末までに完成**

（3）　デジタル人材の育成・確保

① **デジタル人材育成プラットフォームの構築**
　（例）　「ＤＸリテラシー標準」等を作成、様々な教育コンテンツを提示
② **職業訓練のデジタル分野の重点化**
　（例）　ＩＴ分野の資格取得を目指す訓練コース等の充実
　　　　　３年間で4,000億円規模の施策パッケージの創設による人材育成等の推進
③ **高等教育機関等におけるデジタル人材の育成**
　（例）　数理・データサイエンス・ＡＩ教育の推進、リカレント教育の推進
④ **デジタル人材の地域への還流促進**
　（例）　「デジタル人材地域環流戦略パッケージ」として、デジタル分野等の人材マッチングの支援等

【評価指標】

2026年度末までに、**デジタル推進人材230万人育成**を目指す

（4）　誰一人取り残されないための取組み

① **デジタル推進委員の展開**
② **デジタル共生社会の実現（例　「地域ICTクラブ」の普及促進）**
③ **生活困窮者など経済的事情等に基づくデジタル・ディバイドの是正**
④ **利用者視点でのサービスデザイン体制の確立**

【評価指標】

デジタル推進委員を2022年度に全国２万人以上でスタート

►MEMO

問題 **デジタル田園都市国家構想**

以下の選択肢のうち、妥当なものを選べ。

1. デジタル田園都市国家構想とは、デジタル技術を活かし、日本の田園風景を残し、都市と共存させようとする考えをいう。
2. 政府は、地方の人口減少や少子高齢化、産業空洞化などによる地域格差の拡大や、デジタル技術の利活用が遅れていることから、「転職による移住」を推進している。
3. デジタル技術を活かし、地方に仕事をつくることや人の流れを作ることという目標を推進しているが、魅力的な地域づくりという観点は目標設定されていない。
4. デジタル技術の推進のためにはインフラの整備も重要になってくるため、５Ｇの人口カバー率2030年度末99％目標などを掲げている。さらに、デジタル人材の育成・確保をも掲げている。
5. 誰一人取り残されないための取組のために、デジタル共生社会の実現や経済的事情等に基づくデジタル・ディバイドの是正を目標としているが、具体的な評価指数までは掲げられていない。

解答・解説

1. ~~デジタル田園都市国家構想とは、デジタル技術を活かし、**日本の田園風景を残し、都市と共存させようとする考え**をいう。~~
   ×デジタル田園都市国家構想とは、デジタル技術を活用して、地方の個性を活かしながら社会課題の解決と魅力の向上を図る構想をいう。重要な言葉の意義は確認すべき。

2. ~~政府は、地方の人口減少や少子高齢化、産業空洞化などによる地域格差の拡大や、デジタル技術の利活用が遅れていることから、「**転職による移住」を推進**している。~~
   ×デジタル技術による「転職なき移住」である。

3. ~~デジタル技術を活かし、地方に仕事をつくることや人の流れを作ることという目標を推進しているが、**魅力的な地域づくりという観点は目標設定されていない**。~~
   ×デジタル技術を活かした地域づくりも目標としている。

4. デジタル技術の推進のためにはインフラの整備も重要になってくるため、５Gの人口カバー率2030年度末99％目標などを掲げている。さらに、**デジタル人材の育成・確保**をも掲げている。
   ○デジタルインフラ整備だけでなく、デジタル人材の育成・確保も推進。両方が重要であることを確認。

5. ~~誰一人取り残されないための取組のために、デジタル共生社会の実現や経済的事情等に基づくデジタル・ディバイドの是正を目標としているが、**具体的な評価指数までは掲げられていない**。~~
   ×誰一人取り残されないように、デジタル推進委員を2022年度に全国２万人以上でスタートが掲げられた。

第２章 情報

正解　4

重要度 **A**

15 Ｄｉｇｉ田甲子園とデジタル庁発足

))) **ここがポイント** (((

　デジタル田園都市国家構想の実現に向けて、特に優れた具体的な取り組みついて内閣総理大臣が表彰する制度がＤｉｇｉ田甲子園である。どのような内容か確認しておこう。

1．Ｄｉｇｉ田甲子園とは？

　Ｄｉｇｉ田甲子園とは、デジタル田園都市国家構想の実現に向けて、特に優れた取組やアイデアを**内閣総理大臣が表彰**するものである。

【背景】
デジタル田園都市国家構想の実現のためには、
・**地方**の創意工夫がなされた独自の取組を積極的に横展開していく
・**地方公共団体や民間企業**の意欲
・広く国民全体の関心を高める
・様々な主体が積極的に参画する環境を整える
ことが重要。
　　⇒　このため、デジタル田園都市国家構想の実現に向けた地域の取組を広く募集し、特に優れたものを表彰する「Ｄｉｇｉ田甲子園」を開催する。

2．Ｄｉｇｉ田甲子園

　Ｄｉｇｉ田甲子園は、**夏と冬の２回**開催される。

（1）　夏のＤｉｇｉ田甲子園

　夏は、都道府県ごとに域内市町村の取組を選考・推薦し、そのうち特に優れたものを内閣総理大臣賞として表彰する。

（2） 冬のＤｉｇｉ田甲子園

冬のＤｉｇｉ田甲子園は、民間企業や団体など様々な主体の取組を募集し、特に優れたものを内閣総理大臣賞として表彰する。

《Ｄｉｇｉ田甲子園の具体的な分野》
・医療・教育・子育て・物流・交通・農林・水産業・中小企業・観光・防災

【流れ（夏のＤｉｇｉ田甲子園を例に）】

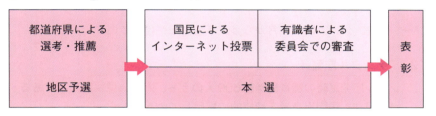

3．デジタル庁発足

2021（令和3）年9月、**行政のデジタル化を推進するデジタル庁**が発足。
→ デジタル庁は、デジタル社会形成の**司令塔**として、未来志向の**ＤＸ（デジタル・トランスフォーメーション）を推進**し、デジタル時代の**官民のインフラを今後5年で作り上げること**を目指すとしている。

4．デジタル庁の組織

デジタル庁は**内閣総理大臣の下にデジタル大臣を据える内閣総理大臣直轄**の組織（**内閣の外局**）である。この官庁に予算と権限を集中して、強力にデジタル化を推進する体制をとっている。

【ポイント】
> デジタル庁の主任の大臣は**内閣総理大臣（デジタル大臣ではない）**。

（1）　デジタル大臣

デジタル大臣は、デジタル庁の事務を統括し、内閣総理大臣を助ける。

⇒　デジタル大臣は**他省庁への勧告権を有する**。

（2）　デジタル監

デジタル監とは、**デジタル大臣に進言等を行い、かつ、庁務を整理し、各部局等の事務を監督する**内閣任免の特別職である。

⇒　デジタル監は、民間出身の石倉洋子一橋大名誉教授が起用されたが、8か月ほどで退任。

→　2022（令和4）年4月からは、浅沼尚氏が務めている。

（3）　デジタル庁職員

デジタル庁発足時の職員総勢約600人のうち、**200人は民間出身**である。

⇒　現在も民間出身者を積極的に採用している。

【補足】

> 2023（令和5）年4月の入省組を対象に、**「デジタル」区分の総合職試験**を新設した。

MEMO

問題 **Ｄｉｇｉ田甲子園とデジタル庁発足**

以下の選択肢のうち、妥当なものを選べ。

1. Ｄｉｇｉ田甲子園とは、デジタル田園都市国家構想の実現に向けて、特に優れた取組やアイデアをデジタル大臣が表彰するものであり、年に２回開催される。
2. 夏のＤｉｇｉ田甲子園は、民間企業や団体など様々な主体の取組を募集し、特に優れたものを内閣総理大臣賞として表彰するものである。
3. デジタル庁は、デジタル社会形成の司令塔として、未来志向のＤＸ（デジタル・トランスフォーメーション）を推進し、デジタル時代の官民のインフラを今後５年で作り上げることを目指す。
4. デジタル庁は総務大臣の下にデジタル大臣を据える総務省の外局組織である。この官庁に予算と権限を集中して、強力にデジタル化を推進する体制をとっている。
5. デジタル庁の主任の大臣は内閣総理大臣になり、デジタル大臣ではない。他方、デジタル監とは、内閣総理大臣に進言等を行い、かつ、庁務を整理し、各部局等の事務を監督する内閣任免の特別職である。

解答・解説

1. Ｄｉｇｉ田甲子園とは、デジタル田園都市国家構想の実現に向けて、特に優れた取組やアイデアを**デジタル大臣が表彰**するものであり、年に2回開催される。
×デジタル庁の主任大臣は内閣総理大臣であり、内閣総理大臣が表彰する。

2. **夏のＤｉｇｉ田甲子園は、民間企業や団体など**様々な主体の取組を募集
×民間企業や団体は夏ではなく冬。夏は都道府県ごとに域内市町村の取組を募集する。
し、特に優れたものを内閣総理大臣賞として表彰するものである。

3. デジタル庁は、デジタル社会形成の**司令塔**として、未来志向のＤＸ（デジタル・トランスフォーメーション）を推進し、デジタル時代の**官民のインフラを今後5年で作り上げる**ことを目指す。
〇デジタル庁は司令塔として、官民のインフラを作り上げていくという役割がある。

4. デジタル庁は**総務大臣の下にデジタル大臣を据える総務省の外局組織**で
×内閣総理大臣の下にデジタル大臣を据える内閣総理大臣直轄の組織（内閣の外局）。
ある。この官庁に予算と権限を集中して、強力にデジタル化を推進する体制をとっている。

5. デジタル庁の主任の大臣は内閣総理大臣になり、デジタル大臣ではない。他方、デジタル監とは、**内閣総理大臣に進言等を行い**、かつ、庁務を整理し、各部局等の事務を監督する内閣任免の特別職である。
×まず、デジタル大臣はデジタル庁の事務を統括し、内閣総理大臣を助ける。そのうえで、デジタル監はデジタル大臣に進言等を行い、かつ、庁務を整理し、各部局等の事務を監督する役割を担っている。

正解　3

重要度 B

16 情報用語

> **ここがポイント**
>
> 情報用語については、他の資格試験などでもすでに出題されており、今後公務員試験でも出題される可能性がある。情報が関連するニュースの理解のためにも、一読し、確認しておこう。

● ア行

アクセスポイント	ノートパソコンやスマートフォンなどの無線ＬＡＮ接続機能を備えた端末を、相互に接続したり、有線ＬＡＮなど他のネットワークに接続したりするための機器のこと。通常は、無線ＬＡＮアクセスポイントを指す。「親機」、「基地局」、「ステーション」などとも呼ばれる。
アドミニストレータ	コンピュータやネットワーク、データベースの管理者、または管理する権限のこと。ネットワーク内における様々な権限を有する。
アフィリエイト	Webサイトやメールマガジンに企業サイトへのバナー広告やテキスト広告をはり、ユーザーがそこを経由して商品を購入すると、Webサイトやメールマガジンの管理者に報酬が支払われる仕組み。
アプリ	アプリケーションの略。ＯＳ上で作業の目的に応じて使うソフトウェア。スマートフォンが普及して以降、スマートフォンやタブレット向けに多種多様なアプリが提供され利用が広がった。「アプリケーション」よりも「アプリ」等の略称が一般的となっている。
アルゴリズム	コンピュータが膨大なデータをもとに問題を解いたり、目標を達成したりするための計算手順。ＡＩ（人工知能）などで用いられ、さまざまなデータを入力し、目的に合わせた予測・結果を出力する。例えば、通販サイト上で、消費者が関心を持ちそうな商品を表示する際に使われている。
暗号資産（仮想通貨）	中央銀行や政府機関によって発行された通貨ではないが、取引・貯金・送金等に使用することができる、通貨価値をデジタルで表現したもの。
イーサネット	主に建物内や室内でコンピュータや電子機器をケーブルで繋いで通信する有線ＬＡＮの標準の一つで、最も普及している規格。

位置情報	人や機器などが今存在している場所に関する情報のこと。例えば、携帯電話やスマートフォンなどの機能として、ＧＰＳを用いた位置情報サービスがある。
ウイルス	コンピュータシステムの破壊等を目的としたプログラムのこと。電子ファイル、電子メール等を介して他のファイルに感染することにより、その機能を発揮する。
ウェアラブルデバイス	腕や頭部などの身体に装着して利用する情報端末のこと。
オートノマスカー	運転者が直接操作することなく、行き先の指示等に基づき、自動車自身が道路状況に合わせて安全に目的地へ向かう自動車のこと。自動走行車。
オープンデータ	国、地方公共団体および事業者が保有する官民データのうち、国民誰もがインターネット等を通じて容易に利用（加工、編集、再配布等）できるよう、① 営利目的、非営利目的を問わず二次利用可能なルールが適用されたもの、② 機械判読に適したもの、③ 無償で利用できるもの、といういずれの項目にも該当する形で公開されたデータのこと。

● **カ行**

顔認識システム	撮影された画像の中から人間の顔を検出し、その顔の性別や年齢、表情などを識別するシステムのことをいう。
顔認証システム	検出した顔データを事前に登録しているデータと照合することにより本人確認を行うものをいう。顔認識システムを個人認証に利用したのが顔認証システムである。
クラウドコンピューティング	データサービスやインターネット技術等が、ネットワーク上にあるサーバ群（cloud（雲））にあり、ユーザーは今までのように自分のコンピュータでデータを加工・保存することなく、「どこからでも、必要な時に、必要な機能だけ」利用することができる新しいコンピュータの利用形態。
クラウドソーシング	不特定の人（crowd（群衆））に業務委託（sourcing）するという意味の造語で、ＩＣＴを活用して必要な時に必要な人材を調達する仕組みのこと。
クラッキング	悪意を持って、システムに不正侵入したり、データの改ざんや破壊などを行ったりする行為。

● **サ行**

サーバ	ネットワーク上でサービスや情報を提供するコンピュータのこと。インターネットではWebサーバ、ＤＮＳサーバ、メールサーバ（ＳＭＴＰ／ＰＯＰサーバ）等があり、ネットワークで発生する様々な業務を内容に応じて分担し集中的に処理。

サブスクリプション	定額の代金を支払うことで、一定期間内に商品やサービスなどを利用できる仕組み。
シェアリングエコノミー	個人等が保有する活用可能な資産等（スキルや時間等の無形のものを含む）を、インターネット上のマッチングプラットフォームを介して他の個人等も利用可能とする経済活性化活動のこと。
情報リテラシー	インターネット等の情報通信やパソコン等の情報通信機器を利用して、情報やデータを活用するための能力・知識（インターネット上での情報収集・発信能力やマナー、機器やソフトの活用能力、各種情報の分析・整理能力など）のこと。
シンクライアント	企業・組織の情報システムで、社員などが利用するコンピュータ（クライアント）に最低限の機能だけを持たせて、サーバ側でアプリケーションソフトやファイルなどの管理を可能にするシステムの総称のこと。また、そのようなシステムを実現するための、機能を絞った低価格のクライアント用コンピュータのことをいう。
侵入検知システム	インターネットから送られてくるパケットを識別することで、不正侵入やアタック、事前調査を検知するシステム。ＩＤＳ（Intrusion Detection System）とも呼ばれ、不正なアクセスが発見された場合には、電子メールやアラームなど、事前に設定した方法で、管理者に連絡する機能を持つ。
侵入防止システム	インターネットに接続されたネットワークやサーバを不正侵入から防御するためのシステム。ＩＰＳ（Intrusion Prevention System）とも呼ばれ、侵入検知システムの機能に加えて、不正なパケットを自動的に遮断する機能を持つ。
ストリーミング	インターネット等のネットワーク上の映像データや音声データを視聴する際に、データを受信しながら同時に再生を行う方式。
スパイウェア	パソコン内のアクセス履歴等の個人情報を収集し、外部に送信するプログラム。ユーザーに気付かれないようにバックグラウンドで動作するため、ユーザーはスパイウェアがインストールされていることに気付いていないことが多い。
スパムメール	受信者の都合を無視し、無差別にメールを大量配信すること。
セキュリティホール	ＯＳやソフトウェアにおいて、情報セキュリティ上の欠陥となる不具合のこと。脆弱性とも呼ばれる。

ソーシャルメディア	ブログ、ソーシャルネットワーキングサービス（ＳＮＳ）、動画共有サイトなど、利用者が情報を発信し、形成していくメディア。利用者同士のつながりを促進する様々な仕掛けが用意されており、互いの関係を視覚的に把握できるのが特徴。

● タ行

タイムスタンプ	電子文書が作成された時刻を証明する技術。作成した電子文書が作成された時刻だけでなく、その時点からいかなる人にも改ざんされていないことを証明するもの。
ディープラーニング	多数の層で構成されるニューラルネットワーク（人間の脳の仕組みをコンピュータ上で真似た仕組み）を用いて行う機械学習。ディープラーニングにより、コンピュータがパターン・ルールを発見する上で何に着目するかをみずから抽出することができるので、何に着目するかを人があらかじめ設定していない場合でも、識別などが可能になる。
テザリング	スマートフォンをモデムの代わりにして、パソコンなどをスマートフォンに接続してネットワークに接続すること。
デジタルサイネージ	店頭や交通機関など公共の場にある、電子化された看板やポスターなどのシステムの総称。ネットワークに接続されており、外部から情報を配信することができるので、設置場所や時間帯によって適切に見せたい案内や広告を配信・表示することができる。また、ポスターのように入れ替えの手間がかからず、次世代の広告として注目されている。
デジタル通貨	流通している紙幣や硬貨と同じように使える電子情報（デジタル）で発行・決済される通貨。デジタル通貨は、企業間の決済や送金コストが抑えられるほか、手続の効率化にもつながると期待される。
デジタル・ディバイド	インターネットやパソコン等の情報通信技術を利用できる者と利用できない者の間に生じる格差。
テレワーク	ＩＣＴを活用して、場所と時間を有効に活用できる柔軟な働き方。企業等に勤務する被雇用者が行う雇用型テレワーク（例：在宅勤務、モバイルワーク、サテライトオフィス等での勤務）と個人事業者・小規模事業者等が行う自営型テレワーク（例：ＳＯＨＯ、在宅ワーク）に大別される。
電子署名	電子データに付け加えられる電磁的な署名情報で、本人により作成されたこと、改ざんが行われていないことを確認できるもの。紙文書の印鑑やサインの役割を果たす。
電子透かし	動画、静止画、文書、音楽などのデジタルコンテンツに著作権情報等の特定の情報を埋め込む技術のことであり、電子情報の著作権保護のために用いられる。

第2章　情報

電子マネー	貨幣価値をデータ化し、カードやスマートフォンなどに貨幣としての機能を持たせたもの。電子マネーを使う手段であるICカードやスマートフォンを機械にかざしたり、端末に読み取らせたりすることで、支払時にスムーズに決済を完了できる。
トークン(Token)	ブロックチェーン上に刻まれた価値の表章であり、Web3.0の価値交換媒体。代替性トークン(FT)と非代替性トークン(NFT)がある。
ドメイン	インターネット上で接続しているネットワークに設定される名前のこと。本来ドメインは、IPアドレスという識別番号によって管理されているが、IPアドレスは人間には覚えにくいため、"soumu.go.jp."のようにドメイン名で記述できるようになっている。

● ハ行

バイオメトリクス	人間の身体的な特徴のこと。生体情報ともいう。これを利用した認証方法をバイオメトリクス認証といい、指紋や網膜、声紋、静脈(静脈の血管形状パターン)など、さまざまな認証方法が研究されている。なりすましがしにくい認証方法であり、ユーザー名とパスワードによる認証や、ICカードなどの持ち物による認証に比べて、一般的に情報セキュリティが強化される。
ハッキング	高度なコンピュータ技術を利用して、システムを解析したり、プログラムを修正したりする行為のこと。本来は悪い意味を持つ言葉ではなかったが、現在は不正にコンピュータを利用する行為全般のことをハッキングと呼ぶことが増えている。そのような悪意のある行為は、本来はクラッキングと呼ばれる。
バックドア	外部からコンピュータに侵入しやすいように、"裏口"を開ける行為、または裏口を開けるプログラムのこと。このプログラムが実行されてしまうと、インターネットからコンピュータを操作されてしまう可能性がある。
バナー広告	インターネット広告の1つ。Webサイトに広告画像を貼り、広告主のWebサイトにリンクする手法。
ビッグデータ	利用者が急激に拡大しているソーシャルメディア内のテキストデータ、携帯電話・スマートフォンに組み込まれたGPS(全地球測位システム)から発生する位置情報、時々刻々と生成されるセンサーデータなど、ボリュームが膨大であるとともに、構造が複雑化することで、従来の技術では管理や処理が困難なデータ群。

ビットコイン	インターネット上の仮想通貨のこと。インターネット上での決済に使用されるが、実際に紙幣等は発行されず、インターネット上にだけ存在し、通常の通貨のような中央的な発行責任主体がいないという特徴がある。
ファイアウォール	外部のネットワークと内部のネットワークを結ぶ箇所に導入することで、外部からの不正な侵入を防ぐことができるシステム(またはシステムが導入された機器)。ファイアウォールには、"防火壁"の意味がある。火災のときに被害を最小限に食い止めるための防火壁から、このように命名されている。
フィッシング	金融機関等からの電子メールを装い、電子メール受信者に偽のホームページにアクセスするよう仕向け、そのページでクレジットカード番号・ID・パスワード等の個人の金融情報を入力させるなどして、個人情報を不正に入手する行為。
フィルタリング	データをふるい分けること(情報濾過)を表す語。見せたくない内容、与えたくない情報を含むサイトを閲覧できないようにする機能のこと。情報濾過としては、未成年者に対する成人サイトや有害情報サイトなどからの保護が代表的な例である。
プラットフォーム	情報通信技術を利用するための基盤となるハードウェア、ソフトウェア、ネットワーク事業など。また、それらの基盤技術。
ブロックチェーン技術	情報通信ネットワーク上にある端末同士を直接接続して、取引記録を分散的に処理・記録するデータベースの一種で、「ビットコイン」等の仮想通貨に用いられている基盤技術。
プロトコル	ネットワークを介してコンピュータ同士がデータをやり取りするために定められた、データ形式や送受信の手順などの国際標準規則のこと。通信プロトコルとも呼ばれる。
ベース・レジストリ	公的機関等で登録・公開され、さまざまな場面で参照される、人、法人、土地、建物、資格等の基本データであり、正確性や最新性が確保された社会の基盤となるデータベース。ベース・レジストリが整備されれば、①行政手続のワンスオンリー、②行政におけるシステム重複投資の削減、③社会の情報基盤としての利活用が可能になる。
ポータルサイト	サーチエンジン、ニュース速報、オンラインショッピング、掲示板等インターネット上のさまざまな情報が集約されたサイトのこと。インターネット利用者がウェブに接続した際に訪れる「入口(ポータル)」となるために、こう呼ばれる。

第2章 情報

ホスト	他の機器に何らかの機能を提供するコンピュータやネットワークに接続されたコンピュータのこと。
ポッドキャスト	インターネット上で配信されているラジオ番組、ニュース、英会話などパソコンやスマートフォンなどを使って気軽に聴くことができる仕組みのこと。アップル社のポータブルオーディオプレイヤーのiPodとbroadcast（放送）を組み合わせた造語。

● マ行

マイニング	暗号資産(仮想通貨)は、取引を管理する公的機関が存在しないため、暗号資産の信頼性を確保するため、コンピュータによる計算作業が必要となる。暗号資産の取引の正当性を確認するために行われる計算作業に参加し、報酬として暗号資産を得る仕組みを、金の採掘にたとえて「マイニング」と呼ぶ。計算作業には高性能コンピュータが使用されることもあるが、複数のコンピュータで計算作業を分担することもある。
マルウェア	「Malicious Software」（悪意のあるソフトウェア）の略で、さまざまな脆弱性や情報を利用して攻撃をするソフトウェア（コード）の総称。コンピュータウイルスと同じ意味で使われることがある。
無線LAN	ケーブル線の代わりに無線通信を利用してデータの送受信を行うLANシステム。
メタバース	meta（超越した）とuniverse（宇宙、世界）を合わせた造語。インターネットの中に構築された、現実世界とは異なる3次元の仮想空間およびそのサービス。利用者は、自分の分身であるアバターを操作し、他者と交流したり、商品を売買したりすることができる。

● ヤ行

ユーザー認証	利用者が本人であるかどうかを確認する仕組み。一般的には、ユーザー名とパスワードでユーザー認証を行うが、なりすましを困難にするために、最近ではICカードや指紋、声紋、網膜などを利用する技術も登場している。

● ラ行

ランサムウェア	パソコンやサーバに不正侵入し、機密文書などのデータを暗号化して使用できない状態し、復旧させることと引換えに身代金（RANSOM）を要求するコンピュータウイルス。日本国内の企業・団体等におけるランサムウェア被害は、2015年頃から確認されるようになったが、2020年下半期から増加傾向にある（2020年下半期：21件、2022年上半期：114件）。

リスキリング （Reskilling）	新しい職業に就くために、あるいは、今の職業で必要とされるスキルの大幅な変化に対応するために、必要なスキルを獲得する（させる）こと。近年では、とくにデジタル化と同時に生まれる新しい職業や、仕事の進め方が大幅に変わるであろう職業に就くためのスキル習得を指す。
ログ	コンピュータが保有するユーザーの接続時刻や処理内容などを記録したファイル。通常は、ログを参照することで、コンピュータが正常に動作しているかどうかを管理することができる。

● ワ行

ワーム	他のファイルに寄生して増殖するのではなく、自身がファイルやメモリを使って自己増殖を行うタイプのウイルスのこと。

● 数字・英字

４Ｋ	現行のハイビジョンの４倍の解像度の映像のこと。水平方向の画素数が約４千であることから、４Ｋと呼ばれる。超高精細度テレビジョン放送に対応する規格として、2012年にＩＴＵ（国際電気通信連合）で勧告化されるなど、国際標準化がなされている。
５Ｇ	「超高速」だけでなく、「多数同時接続」「超低遅延」といった特徴を持つ第５世代移動通信システム。ＬＴＥと比べて100倍の接続機器数、100倍の通信速度などが要求条件とされており、ＩＴＵをはじめ、世界各国でも実現に向けた取組が本格化している。Society 5.0の実現に不可欠な社会基盤となる特定高度情報通信技術活用システム（５Ｇ、ドローン）の開発供給等がサイバーセキュリティを確保しつつ適切に行われることがわが国における産業基盤を整備する上で重要であることにかんがみ、2020年５月、「特定高度情報通信技術活用システムの開発供給及び導入に関する法律」が制定された。
８Ｋ	現行のハイビジョンの16倍の解像度の映像のこと。水平方向の画素数が約８千であることから、８Ｋと呼ばれる。超高精細度テレビジョン放送に対応する規格として、2012年にＩＴＵで勧告化されるなど、国際標準化がなされている。
ＡＩ（人工知能）	Artificial Intelligenceの略で、人工的な方法による学習、推論、判断等の知的な機能の実現及び人工的な方法により実現した当該機能の活用に関する技術。
ＡＲ（拡張現実）	Augmented Realityの略で、現実の環境にコンピュータを用いて情報を付加することにより人工的な現実感を作り出す技術の総称。情報を付加された環境そのものを示すこともある。

第2章 情報

ＢＣＣ	Blind Carbon Copyの略称。同一の電子メールを複数アドレスに向けて送信する際に、その受信者の端末に、他にも受信者がいることを表示させない機能。
Bluetooth	無線ＬＡＮのようにデータの送受信を行うための無線通信の規格。最大通信距離が無線LANより短い半面、消費電力が少ないという利点があり、ウェアラブルデバイス、ワイヤレスイヤホン等の機器に使用される。
Cookie	ホームページを閲覧した際に、Webサーバが利用者のコンピュータに保存する管理用のファイルのこと。利用者の登録情報や今までのショッピングカートの内容などを利用者のコンピュータに保存しておくことで、次回その利用者が同じWebサイトを訪問した場合に、それらのデータを利用できるようにする仕組み。
ＤＦＦＴ	Data Free Flow with Trustの略。デジタル時代の競争力の源泉である「データ」を、プライバシーやセキュリティ・知的財産などに関する信頼を確保しながら、原則として国内外において自由にデータ流通させる概念。
ＤＸ	Digital Transformation（デジタル・トランスフォーメーション）のこと。将来の成長、競争力強化のために、新たなデジタル技術を活用して新たなビジネスモデルを創出あるいは柔軟に改変すること。
FinTech	Finance（金融）とTechnology（技術）を組み合わせた造語で、情報通信技術を活用した革新的な金融サービスのこと。
ＧＰＳ	全地球測位システム（Global Positioning System）。米国が打ち上げた24個の人工衛星からの電波を利用して正確な軌道と時刻情報を取得することにより、現在位置の緯経度や高度を測定するシステム。
ＨＴＭＬ	Hyper Text Markup Languageの略。ホームページを作成するための言語。ＨＴＭＬには、文字だけでなく画像や音声を埋め込むことができる。ＨＴＭＬ形式のファイルは、Webブラウザで閲覧することができる。ＨＴＭＬ形式のファイルに埋め込まれたリンクをクリックすることで、参照先などのWebページに移動できる。
http	Hyper Text Transfer Protocolの略。Webブラウザが、Webサーバに対してＨＴＭＬ形式のファイルを受け取るためのプロトコル。httpがＳＳＬやＴＬＳで暗号化されている状態のプロトコルをhttps（Hyper Text Transfer Protocol Secure）という。

ＩＣＴ	情報通信技術（Information & Communications Technology）のこと。それまで使われていたＩＴ（Information Technology／情報技術）に替わって、通信ネットワークによって情報が流通することの重要性を意識して使用される言葉である。
ＩｏＴ	Internet of Things の略で、「モノのインターネット」と呼ばれる。自動車、家電、ロボット、施設などあらゆるモノがインターネットにつながり、情報のやり取りをすることで、モノのデータ化やそれに基づく自動化等が進展し、新たな付加価値を生み出す。
ＩＰアドレス	Internet Protocol Addres の略で、インターネットなど、ネットワーク上にある機器を判別するための番号のこと。パケット（通信データ）を送受信するコンピュータや通信機器すべてに個別に割り当てられる住所のようなもの。ＩＰアドレスは、単なる数値の羅列で、人間にとっては覚えにくい（ドメイン参照）。
ＩＰ電話	通信ネットワークの一部または全部においてＩＰ（インターネットプロトコル）技術を利用して提供する音声電話サービス。ＩＰ電話は付与される電話番号の体系の違いによって、050型ＩＰ電話とＯＡＢＪ型ＩＰ電話に大別される。
ＬＡＮ	Local Area Network の略。企業内、ビル内、事業所内等の狭い空間においてコンピュータやプリンタ等の機器を接続するネットワーク。
ＬＴＥ	Long Term Evolution の略。高速データ通信を実現する移動体通信の規格であり、第３世代移動通信システムを高度化したもの。ＬＴＥは、３Ｇと４Ｇの橋渡し的な通信規格「3.9Ｇ」に位置付けられていたが、世界的にＬＴＥを「４Ｇ」と称する通信事業者が増えてきたため、最近では４Ｇの一種と捉えるのが一般的である。
ＭａａＳ	Mobility as a Service の略で、出発地から目的地まで、利用者にとっての最適経路を提示するとともに、複数の交通手段やその他のサービスを含め、一括して提供するサービス。
ＮＦＴ（非代替性トークン）	Non-Fungible Token の略。偽造、改ざん不能のデジタルデータ。ブロックチェーン技術を使い、デジタルデータに唯一性を付与して真贋性を担保する機能や、取引履歴を追跡できる機能を有する。例えば、容易に複製できるデジタル作品を、唯一のものであると証明することができる。

第2章　情報

NGN	Next Generation Networkの略。電話サービスや映像サービスなどを総合的に実現するIPネットワークであり、従来のインターネットでは困難であった通信サービス品質やセキュリティ等を自由に制御することができる。
P2P	Peer to Peerの略（※「P to P」とも表記）。従来のクライアント・サーバ型のシステムのようにサーバに集められたデータを引き出して複数の端末（クライアント）で利用するのではなく、パソコン等のあらゆる端末に保存されたデータを直接やりとりするシステムおよびサービス。例えば、音楽配信サービスのNapster、データ配信サービスのWinnyなどがP2Pのシステムである。
SMTP	Simple Mail Transfer Protocolの略称であり、電子メールを送信するための通信プロトコルの1つ。
SNS	Social Networking Service（Site）の略。インターネット上で友人を紹介しあって、個人間の交流を支援するサービス（サイト）。誰でも参加できるものと、友人からの紹介がないと参加できないものもある。
Society 5.0	「第5期科学技術基本計画」（平成28年）において我が国が目指すべき未来社会の姿として提唱された、狩猟社会（Society 1.0）、農耕社会（Society 2.0）、工業社会（Society 3.0）、情報社会（Society 4.0）に続く、サイバー空間（仮想空間）とフィジカル空間（現実空間）を高度に融合させたシステムにより、経済発展と社会的課題の解決を両立する、人間中心の社会。Society 5.0の実現と企業の情報処理システムの改革を促進するため、2019年11月に「情報処理の促進に関する法律の一部を改正する法律」が成立した。
SOHO	Small Office/Home Officeの略。コンピュータネットワークを利用して、郊外の小さな事務所や自宅などを事業所として活動する業務形態（または、そのような事業所）。
SSID	Service Set Identifierの略。無線LANで特定のコンピュータや通信機器で構成されるネットワークを指定して、接続するためのユニークな識別コードのこと。ESSIDとも呼ばれる。無線LANで送信するパケットのヘッダに含まれ、SSIDが一致しない場合は、受信側がそのパケットを無視するため、通信ができない。
SSL	Secure Socket Layerの略。インターネットにおいてデータを暗号化したり、なりすましを防いだりするためのプロトコルのこと。ショッピングサイトやインターネットバンキングなど、個人情報や機密情報をやり取りする際に広く使われている。

TCP	Transmission Control Protocolの略。インターネットで使用されているプロトコルの1つ。TCPは、相手と接続を確立してから通信を行うため、信頼性が高いプロトコルである。TCPは、HTTPやFTP、SMTP、POP3といった、インターネットにおける主要なサービスで使用されるプロトコルの基盤となっている。
TCP/IP	インターネットで標準的に利用されているプロトコルのこと。TCP/IPはTCPとIPという2つのプロトコルを省略した呼び名であり、TELNET、FTP、HTTPなど、TCPやIPを基盤にした多くのプロトコルの総称である。
URL	Uniform Resource Locatorの略。インターネット上で情報が格納されている場所を示すための住所のような役割を果たす文字列のこと。ホームページの場合、「https://www.soumu.go.jp/」という形で表現される。
VR	Virtual Realityの略で、コンピュータ上に仮想的な世界を作り出し、あたかも現実にそこにいるかの様な体験をさせる技術。
Web3.0	デジタル技術の発展に合わせて、Web社会を3段階に分けて捉える考え方が現れた。Web1.0は、電子メールがコミュニケーション手段に加わったインターネット導入初期段階(一方通行のコミュニケーション)。Web2.0は、SNSが生み出され、双方向のコミュニケーションが可能になったが、巨大プラットフォーマーに個人データが集中する仕組み。Web3.0は、ブロックチェーンによる相互認証、データの唯一性・真正性、改ざんに対する堅牢性に支えられて、個人がデータを所有・管理し、中央集権不在で個人同士が自由につながり、交流・取引する世界。
Wi-Fi	無線LANの標準規格である「IEEE 802.11a/b/g/n」の消費者への認知を深めるため、業界団体のWECA (現：Wi-Fi Alliance)が名付けたブランド名。
wiki	ユーザーがWebブラウザを利用してWebサーバ上の文書を書き換えるシステムのこと。ネットワーク上のどこからでも、いつでも、誰でも、文書を書き換えて保存することができる。
WWW	インターネット上で情報を受発信するための仕組みの1つ。世界中にホームページを開設しているサーバがたくさんあるが、これらのサーバは、ハイパーテキストという特徴をいかして、お互いにリンクをしている。World Wide Webとは「世界規模のくもの巣」という意味であるが、まさにそのような形で世界中の情報が相互につながっている。

| 問題 | **情報用語①** |

　情報技術に関する次のア〜オの記述のうち、妥当なものの組合せはどれか。

ア．ワームとはアプリケーションの開発時に発生したプログラムのミスが原因で起きる不具合のことをいう。

イ．ＤＮＳとは Digital Network Solution の略であり、コンピュータネットワークにおいてセキュリティを確保するための国際的に標準化された仕組みである。

ウ．クッキー（Cookie）は、Webサイトの運営者が、Webブラウザを通じて訪問者のコンピュータに一時的にデータを書き込んで保存させる仕組みである。クッキーには特定のウェブサイトでのユーザー設定が保存され、場合によっては、サイトへのアクセス方法やサイトでの操作内容をトラッキングするためにも使用される。

エ．情報技術を用いて業務の電子化を進めるために政治体制を専制主義化することを「デジタルトランスフォーメーション」という。

オ．ホストとは、コンピュータＯＳにおいて管理者権限を持つ者を指す用語である。システムを中心的に操作する者という意味で名付けられた。

1. ア・イ
2. ア・オ
3. イ・エ
4. ウ
5. オ

解答・解説

~~ア.~~ ワームとはアプリケーションの**開発時に発生したプログラムのミスが原因で起きる不具合**のことをいう。
バグと呼ばれる。
×ワームは自己増殖する性質を持つ不正プログラム。

~~イ.~~ ＤＮＳとは **Digital Network Solution** の略であり、コンピュータネットワークにおいて**セキュリティを確保するための国際的に標準化された仕組み**である。
×DomainNameSystemが正解。
×インターネットに接続されたコンピュータのドメイン名をＩＰアドレスに変換すること。

(ウ.) クッキー（Cookie）は、Webサイトの運営者が、Webブラウザを通じて訪問者のコンピュータに一時的にデータを書き込んで保存させる仕組みである。クッキーには特定のウェブサイトでのユーザー設定が保存され、場合によっては、サイトへのアクセス方法やサイトでの操作内容をトラッキングするためにも使用される。〇正しい。覚えておこう。

~~エ.~~ **情報技術を用いて業務の電子化を進めるために政治体制を専制主義化**することを「デジタルトランスフォーメーション」という。
×DXとは、企業等がデジタル技術を用いて新たなビジネスモデルの創出等をすること。

~~オ.~~ **ホスト**とは、コンピュータＯＳにおいて管理者権限を持つ者を指す用語である。システムを中心的に操作する者という意味で名付けられた。
×これはアドミニストレータ。

1. ア・イ
2. ア・オ
3. イ・エ
4. ウ
5. オ

以上より、正しいものはウのみであり、肢4が正解となる。

正解　4

> 問題 **情報用語②**

　情報セキュリティの用語に関する次の説明のうち、妥当でないものはどれか。

1. ビッグデータ
   一般にインターネットやIoTの発展に伴い、パソコンやスマートフォン等の情報機器によって収集される位置情報、行動履歴、コンテンツの視聴記録、消費行動等に関する膨大なデータ群のことをいう。

2. IPアドレス
   通信する相手（コンピュータ）を一意に特定するため、インターネットに直接接続されるコンピュータに割り振られる固有の数値をいう。

3. フィッシング
   電子メールやWWWを利用した詐欺の一種で、悪意の第三者が企業等を装い、偽のサイトに誘導し、クレジットカード等の情報を入力させて盗み取る手法をいう。

4. 公開鍵暗号
   暗号化と復号のプロセスにそれぞれ別個の鍵（手順）を使って、片方の鍵を公開できるようにした暗号方式である。

5. ファイアウォール
   火事の際の延焼を防ぐ「防火壁」から取られた用語で、企業などが管理するサーバ・マシンを物理的に取り囲んで保護する装置をいう。

解答・解説

1. ビッグデータ

一般にインターネットやIoTの発展に伴い、パソコンやスマートフォン等の情報機器によって収集される位置情報、行動履歴、コンテンツの視聴記録、消費行動等に関する膨大なデータ群のことをいう。

→○よく使われるので確認を。

2. IPアドレス

通信する相手（コンピュータ）を一意に特定するため、インターネットに直接接続されるコンピュータに割り振られる**固有の数値**をいう。

→○数値を利用者が覚えやすいように名前などに変換したものがドメイン。

3. フィッシング

電子メールやWWWを利用した詐欺の一種で、悪意の第三者が企業等を装い、偽のサイトに誘導し、クレジットカード等の情報を入力させて盗み取る手法をいう。→○不正に情報を入力させる点がポイント。

4. 公開鍵暗号

暗号化と復号のプロセスにそれぞれ別個の鍵（手順）を使って、片方の鍵を公開できるようにした暗号方式である。

→○暗号化と復号に異なる鍵（例：パスワード）を用いる暗号化方式。

5. ファイアウォール

火事の際の延焼を防ぐ「防火壁」から取られた用語で、企業などが管理するサーバ・マシンを**物理的に取り囲んで保護する装置**をいう

×物理的に囲む壁ではなく、ネットワーク外部からのアクセスを技術的に制御するシステムをいう。

正解　5

問題 情報用語③

　情報や通信に関する次のア～オの記述にふさわしい略語等の組合せとして、妥当なものはどれか。

ア．現実ではないが、実質的に同じように感じられる環境を、利用者の感覚器官への刺激などによって人工的に作り出す技術

イ．大量のデータや画像を学習・パターン認識することにより、高度な推論や言語理解などの知的行動を人間に代わってコンピュータが行う技術

ウ．ミリ波などの高い周波数帯域も用いて、高速大容量、低遅延、多数同時接続の通信を可能とする次世代無線通信方式

エ．人が介在することなしに、多数のモノがインターネットに直接接続し、相互に情報交換し、制御することが可能となる仕組み

オ．加入している会員同士での情報交換により、社会的なつながりを維持・促進することを可能とするインターネット上のサービス

	ア	イ	ウ	エ	オ
1.	SNS	IoT	5G	VR	AI
2.	SNS	AI	5G	VR	IoT
3.	VR	5G	AI	SNS	IoT
4.	VR	5G	AI	IoT	SNS
5.	VR	AI	5G	IoT	SNS

解答・解説

ア．**現実ではない**が、実質的に同じように感じられる環境を、利用者の感覚
　　現実でない＝仮想(バーチャル)→ＶＲ。
器官への刺激などによって人工的に作り出す技術

イ．大量のデータや画像を**学習・パターン認識**することにより、高度な推論
や言語理解などの**知的行動を人間に代わってコンピュータが行う**技術
　　　　　　　　　　　ＡＩのこと。

ウ．ミリ波などの高い周波数帯域も用いて、**高速大容量、低遅延、多数同時
接続の通信を可能とする次世代無線通信方式**
　　　　　　　　　　　世代＝ジェネレーション＝Ｇ。　通信方式→５Ｇ。

エ．人が介在することなしに、**多数のモノがインターネットに直接接続**し、
　　　　　　　　　　　　　　モノをインターネットと接続＝Internet of things＝ＩｏＴ。
相互に情報交換し、制御することが可能となる仕組み

オ．加入している会員同士での情報交換により、**社会的なつながり**を維持・
　　　　　　　　　　　　　　　　　　社会的つながり＝social network。したがってＳＮＳが正しい。
促進することを可能とするインターネット上のサービス

	ア	イ	ウ	エ	オ
~~1.~~	ＳＮＳ	ＩｏＴ	⑤Ｇ	ＶＲ	ＡＩ
~~2.~~	ＳＮＳ	ＡＩ	⑤Ｇ	ＶＲ	ＩｏＴ
3.	⑦ＶＲ	５Ｇ	ＡＩ	ＳＮＳ	ＩｏＴ
~~4.~~	⑦ＶＲ	５Ｇ	ＡＩ	⑦ＩｏＴ	⑦ＳＮＳ
⑤ 5.	⑦ＶＲ	⑦ＡＩ	⑤Ｇ	⑦ＩｏＴ	⑦ＳＮＳ

したがって、肢５が正解となる。

正解　５

問題 情報用語④

　インターネット通信で用いられる略称に関する次のア～オの記述のうち、妥当なものの組合せはどれか。

ア．ＢＣＣとは、Backup Code for Client の略称。インターネット通信を利用する場合に利用者のデータのバックアップを行う機能。

イ．ＳＭＴＰとは、Simple Mail Transfer Protocol の略称。電子メールを送信するための通信プロトコル。

ウ．ＳＳＬとは、Social Service Line の略称。インターネット上でＳＮＳを安全に利用するための専用線。

エ．ＨＴＴＰとは、Hypertext Transfer Protocol の略称。Web上でホストサーバーとクライアント間で情報を送受信することを可能にする通信プロトコル。

オ．ＵＲＬとは、User Referencing Location の略称。インターネット上の情報発信ユーザーの位置を特定する符号。

1. ア・イ
2. ア・オ
3. イ・エ
4. ウ・エ
5. ウ・オ

解答・解説

ア. ＢＣＣとは、**Backup Code for Client**の**略称**。インターネット通信を
　　　　　　　×BlindCarbonCopyの略称。
利用する場合に**利用者のデータのバックアップを行う**機能。
　　　　×メールを送信する際、他にも受信者がいることを表示させない機能のこと。

イ. ＳＭＴＰとは、Simple Mail Transfer Protocol の略称。電子メールを送信するための通信プロトコル。→○電子メールを送る際の約束事のようなもの。

ウ. ＳＳＬとは、**Social Service Line**の略称。インターネット上で**ＳＮＳ**
　　　　　×SecureSocket(Sockets)Layer.
を安全に利用するための専用線。
　　×インターネット上でデータを暗号化して送受信する仕組み。

エ. ＨＴＴＰとは、Hypertext Transfer Protocol の略称。Web上でホストサーバーとクライアント間で情報を送受信することを可能にする通信プロトコル。→○正しい。

オ. ＵＲＬとは、**User Referencing Location**の略称。インターネット上の
　　　　　　×UniformResourceLocator。
情報発信ユーザーの位置を特定する符号。
　　×「情報」がインターネット上のどこにあるかという場所を示す文字列。ホームページのアドレスのこと。

1. ア・イ
2. ア・オ
3. イ・エ
4. ウ・エ
5. ウ・オ

以上より、正しいものはイ、エであり、肢３が正解となる。

正解　３

問題 **情報用語⑤**

　次の文章のア～オに当てはまる用語の組合せとして、妥当なものはどれか。

「クラウド」は、　ア　の意味である場合と、　イ　の意味である場合がある。ネットワークを通じて、多くの人からアイデアを募ったり、サービスを提供してもらう　ウ　ではクラウドは　ア　の意味であり、多くの人から資金を募る　エ　も同じく　ア　の意味である。これに対し、端末ではなく、ネットワーク上でアプリケーションやデータを操作する　オ　においては、クラウドは　イ　の意味で用いられている。

	ア	イ	ウ	エ	オ
1.	Cloud	Crowd	クラウドソーシング	クラウドファンディング	クラウドコンピューティング
2.	Crowd	Cloud	クラウドファンディング	クラウドコンピューティング	クラウドソーシング
3.	Cloud	Crowd	クラウドコンピューティング	クラウドファンディング	クラウドソーシング
4.	Cloud	Crowd	クラウドソーシング	クラウドコンピューティング	クラウドファンディング
5.	Crowd	Cloud	クラウドソーシング	クラウドファンディング	クラウドコンピューティング

解答・解説

「クラウド」は、[ア]の意味である場合と、[イ]の意味である場合がある。ネットワークを通じて、**多くの人からアイデアを募ったり、サービスを提供してもらう**[ウ]ではクラウドは[ア]の意味であり、**多くの人から資金を募る**[エ]も同じく[ア]の意味である。これに対し、端末ではなく、ネットワーク上でアプリケーションやデータを操作する[オ]においては、クラウドは[イ]の意味で用いられている。

ウ　多くの人に仕事をしてもらう＝群衆に業務委託。
ア　多くの人→群衆を表す。「Crowd」。
エ　不特定の人＝「Crowd（群衆）」から資金調達（Funding）する仕組み。
イ　ネットワーク上→雲を表す「Cloud」。
オ　ネットワーク上のあるサーバ群＝「Cloud（雲）」に存在し、ユーザーは「どこからでも、必要な時に、必要な機能」を利用することができる。

	ア	イ	ウ	エ	オ
1.	Cloud	Crowd	クラウドソーシング	クラウドファンディング	クラウドコンピューティング
2.	Crowd	Cloud	クラウドファンディング	クラウドコンピューティング	クラウドソーシング
3.	Cloud	Crowd	クラウドコンピューティング	クラウドファンディング	クラウドソーシング
4.	Cloud	Crowd	クラウドソーシング	クラウドコンピューティング	クラウドファンディング
5.	Crowd	Cloud	クラウドソーシング	クラウドファンディング	クラウドコンピューティング

したがって、肢5が正解となる。

正解　5

問題 情報用語⑥

　仮想通貨に関する次の文章の空欄　Ⅰ　～　Ⅳ　に入る適切な語の組合せとして、妥当なものはどれか。

　仮想通貨とは「国家の裏付けがなくネットワークなどを介して流通する決済手段」のことを指す。仮想通貨にはこれまで様々な種類の仕組みが開発されてきたが、その1つがビットコインである。ビットコインは分散型仮想通貨と呼ばれるが、実際の貨幣と同様、当事者間で直接譲渡が可能な流通性を備えることから　Ⅰ　と異なる。

　いわゆる　Ⅱ　型で、通常の通貨とは異なり国家の裏付けがなくネットワークのみを通じて流通する決済手段である。ビットコインを送金するためには、電子財布に格納されている秘密鍵で作成する電子署名と、これを検証するための公開鍵が必要となる。　Ⅱ　型ネットワークをベースにするため、中心となるサーバもないし、取引所で取引を一括して把握するようなメカニズムも存在しない。取引データは利用者それぞれの端末に記録され、そうした記録がブロックチェーンに蓄積される。

　ブロックチェーンとは、ブロックと呼ばれる順序付けられたレコードが連続的に増加していくリストを持った　Ⅲ　型データベースをいい、それぞれのブロックには　Ⅳ　と前のブロックへのリンクが含まれている。一度生成記録されたデータは遡及的に変更できない。この仕組みがビットコインの参加者に過去の取引に対する検証と監査を可能としている。

	ア	イ
Ⅰ.	電子マネー	クレジットカード
Ⅱ.	P2P	解放
Ⅲ.	分散	集約
Ⅳ.	所有者名	タイムスタンプ

	Ⅰ	Ⅱ	Ⅲ	Ⅳ
1.	ア	ア	ア	ア
2.	ア	イ	ア	イ
3.	ア	イ	ア	イ
4.	イ	ア	イ	ア
5.	イ	イ	イ	ア

解答・解説

　仮想通貨とは「国家の裏付けがなくネットワークなどを介して流通する決済手段」のことを指す。仮想通貨にはこれまで様々な種類の仕組みが開発されてきたが、その1つがビットコインである。ビットコインは分散型仮想通貨と呼ばれるが、**実際の貨幣と同様、当事者間で直接譲渡が可能な流通性を備える**ことから｜　**I**　｜と異なる。

これが仮想通貨と「電子マネー」の違い。電子マネーは譲渡×。

　いわゆる｜　**II**　｜型で、通常の通貨とは異なり**国家の裏付けがなくネット**

P2Pとは、PC等のあらゆる端末に保存されたデータを直接やりとりするシステムおよびサービス。

ワークのみを通じて流通する決済手段である。ビットコインを送金するためには、電子財布に格納されている秘密鍵で作成する電子署名と、これを検証するための公開鍵が必要となる。｜　**II**　｜型ネットワークをベースにするため、中心となるサーバもないし、取引所で取引を一括して把握するようなメカニズムも存在しない。取引データは利用者それぞれの端末に記録され、そうした記録がブロックチェーンに蓄積される。

1つ1つのブロックに記録する分散型。

　ブロックチェーンとは、ブロックと呼ばれる順序付けられたレコードが連続的に増加していくリストを持った｜　**III**　｜型データベースをいい、それぞれのブロックには｜　**IV**　｜と前のブロックへのリンクが含まれている。**一度生成**

タイムスタンプとは、ある時にその電子データが存在していたことと、それ以降改ざんされていないことを証明する技術。

記録されたデータは遡及的に変更できない。この仕組みがビットコインの参加者に過去の取引に対する検証と監査を可能としている。

	ア	イ
I.	電子マネー	クレジットカード
II.	(P2P)	解放
III.	(分散)	集約
IV.	所有者名	タイム(スタ)ンプ

	I	II	III	IV
1.	(ア)	(ア)	(ア)	ア
2.	(ア)	(ア)	(ア)	(イ)
3.	(ア)	イ	(ア)	(イ)
4.	イ	(ア)	イ	ア
5.	イ	イ	イ	ア

正解　　2

〈監修者〉

坪倉 直人（つぼくら なおと／LEC専任講師）

関西大学法学部卒業。大学在学中より進学塾にて中学・高校の受験指導を行う。その後LEC東京リーガルマインド専任講師として公務員受験指導を担当。2007年以降は全国収録講義担当のほか、関西各本校担任講師を歴任し、現在は関西統括講師として関西全体をまとめている。また様々な大学の学内講座・講演会にも多数登壇、自治体職員向け研修や大学のキャリアセンターでの指導も歴任。法律系科目、行政系科目、自然科学、教養論文、面接対策に至るまで幅広い分野の指導を行う。

〈執筆者〉

坪倉 直人（つぼくら なおと／LEC専任講師／第1章 自然科学・第2章 情報）
熊井 遊（くまい ゆう／LEC専任講師／第1章 自然科学）

2024年版 公務員試験 時事のトリセツ
②自然科学・情報

2024年1月5日　第1版　第1刷発行

　　　監　修●坪倉 直人
　編著者●株式会社　東京リーガルマインド
　　　　　LEC総合研究所　公務員試験部

　発行所●株式会社　東京リーガルマインド
　　　　　〒164-0001　東京都中野区中野4-11-10
　　　　　アーバンネット中野ビル
　　　　　LECコールセンター　✉ 0570-064-464

受付時間　平日9：30～20：00／土・祝10：00～19：00／日10：00～18：00
※このナビダイヤルは通話料お客様ご負担となります。

　　　　　書店様専用受注センター　TEL 048-999-7581 / FAX 048-999-7591

受付時間　平日9：00～17：00／土・日・祝休み

　　　　　www.lec-jp.com/

　カバーイラスト●ざしきわらし
　本文デザイン・組版●株式会社リリーフ・システムズ
　印刷・製本●情報印刷株式会社

©2024 TOKYO LEGAL MIND K.K., Printed in Japan　　　　ISBN978-4-8449-0787-9
複製・頒布を禁じます。

本書の全部または一部を無断で複製・転載等することは，法律で認められた場合を除き，著作者及び出版者の権利侵害になりますので，その場合はあらかじめ弊社あてに許諾をお求めください。

なお，本書は個人の方々の学習目的で使用していただくために販売するものです。弊社と競合する営利目的での使用等は固くお断りいたしております。

落丁・乱丁本は，送料弊社負担にてお取替えいたします。出版部（TEL03-5913-6336）までご連絡ください。

あなたに向いた「公務員」はこれ
公務員適職 Navigator

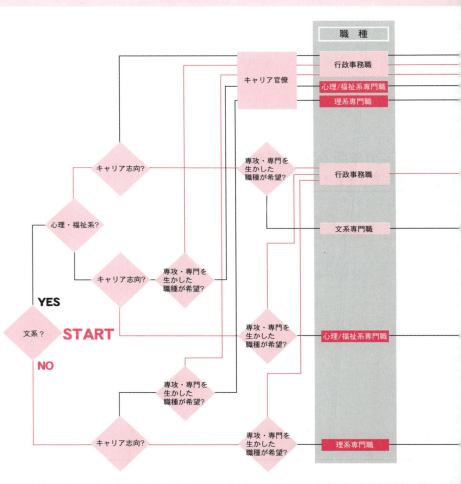

公務員の魅力

企業の利潤追求のためではなく
人のため、社会のために働く

充実感とやり甲斐

給与・休暇・福利厚生
仕事も人生も大切にできる

充実した**勤務条件**

公務員試験について知ろう!!

公務員試験とは… 　　よくある質問集…

詳しくは　LEC　公務員　検索

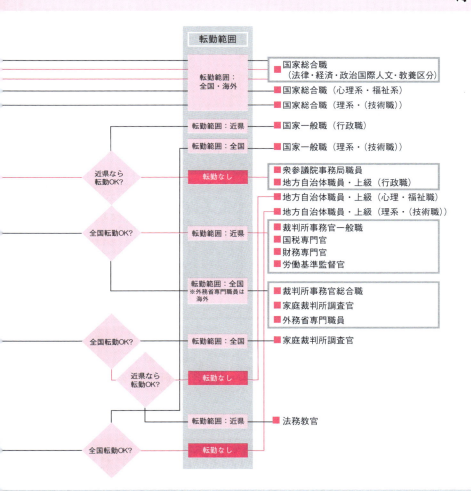

ゼネラリストからスペシャリストまで
自分を活かせる仕事に必ず出会える

多種多様な職種

試験で客観的・公平・公正に評価
だから、努力が確実に採用につながる

採用の透明性

平等な評価、充実の育休・産休
女性でも思う存分活躍できる　**男女平等**

公務員試験攻略はLECにおまかせ！
LEC 公務員試験 書籍のご紹介

過去問対策

公務員試験 本気で合格！過去問解きまくり！

教養科目	
①数的推理・資料解釈	定価 1,980円
②判断推理・図形	定価 1,980円
③文章理解	定価 1,980円
④社会科学	定価 2,090円
⑤人文科学Ⅰ	定価 1,980円
⑥人文科学Ⅱ	定価 1,980円
⑦自然科学Ⅰ	定価 1,980円
⑧自然科学Ⅱ	定価 1,980円

専門科目	
⑨憲法	定価 2,090円
⑩民法Ⅰ	定価 2,090円
⑪民法Ⅱ	定価 2,090円
⑫行政法	定価 2,090円
⑬ミクロ経済学	定価 1,980円
⑭マクロ経済学	定価 1,980円
⑮政治学	定価 1,980円
⑯行政学	定価 1,980円
⑰社会学	定価 1,980円
⑱財政学	定価 1,980円

（定価は2024-25年版です）

最新過去問を収録し、最新の試験傾向がわかる過去問題集。入手困難な地方上級の再現問題も収録し、充実した問題数が特長。類似の問題を繰り返し解くことで、知識の定着と解法パターンの習得が図れます。講師が選ぶ「直前復習」で直前期の補強にも使えます。

時事対策

公務員試験 時事のトリセツ

LEC専任講師 坪倉直人 監修
定価 1,100円

2024年度国家系公務員試験でますます重要になる「時事問題」。本書はそんな時事問題を得意にさせるノウハウが満載!まさに「時事のトリセツ」です。
（定価は2024年版です）

SCOA対策

SCOAのトリセツ

LEC専任講師 垣田浩邦 監修
定価 1,430円

就職試験や公務員試験で続々と導入が増えているSCOA。長年公務員試験を指導してきたLECの受験ノウハウを結集した、まさに『SCOAのトリセツ』です！
（定価は2024-25年版です）

数的処理対策

畑中敦子 数的処理シリーズ

畑中敦子 著

大卒程度
- 数的推理の大革命! 第3版　定価 1,980円
- 判断推理の新兵器! 第3版　定価 1,980円
- 資料解釈の最前線! 第3版　定価 1,540円

高卒程度
- 天下無敵の数的処理! 第3版　定価 各1,650円
  ①判断推理・空間把握編 ②数的推理・資料解釈編

「ワニ」の表紙でおなじみ、テクニック満載の初学者向けのシリーズ。LEC秘蔵の地方上級再現問題も多数掲載!ワニの"小太郎"が、楽しく解き進められるよう、皆さんをアシストします。
「天下無敵」は数的処理の問題になれるための入門用にもおススメです。

岡野朋一の算数・数学のマスト

LEC専任講師 岡野朋一 著
定価 1,320円

「小学生のころから算数がキライ」「数的処理って苦手。」を解決! LEC人気講師が数的推理の苦手意識を払拭! [数学ギライ] から脱出させます!

公務員ガイドブック

1000人の合格者が教える公務員試験合格法

LEC専任講師 岡田淳一郎 監修
定価 1,870円

合格者の生の声をもとに、「公務員とは何か」から「公務員試験合格に必要なこと」まで、すべての疑問を解決!本書を読むだけで公務員の全貌を理解できる!

※価格は、税込（10%）です。

LEC公務員サイト

LEC独自の情報満載の公務員試験サイト！
www.lec-jp.com/koumuin/

最新情報 試験データなど

ここに来れば「公務員試験の知りたい」のすべてがわかる!!

LINE公式アカウント [LEC公務員]

公務員試験に関する全般的な情報をお届けします！
さらに学習コンテンツを活用して公務員試験対策もできます。
友だち追加はこちらから！

@leckoumuin

❶ **公務員を動画で紹介！「公務員とは？」**
　公務員についてよりわかりやすく動画で解説！
❷ **LINE でかんたん公務員受験相談**
　公務員試験に関する疑問・不明点をトーク画面に送信するだけ！
❸ **復習に活用！「一問一答」**
　公務員試験で出題される科目を○×解答！
❹ **LINE 限定配信！学習動画**
　公務員試験対策に役立つ動画を LINE 限定配信!!
❺ **LINE 登録者限定！オープンチャット**
　同じ公務員を目指す仲間が集う場所

公務員試験 応援サイト 直前対策＆成績診断
www.lec-jp.com/koumuin/juken/

～行政職だけじゃない！ 理系（技術職）、心理福祉職にも対応～
LECの公務員講座は充実のラインナップ

LECの講座には、さまざまな公務員試験に対応した講座があります。
めざす職種に特化したカリキュラムと
万全の面接対策で確実な上位合格を目指しましょう。

地方上級職 / 国家一般職（行政）/ 市役所
都道府県庁・政令指定都市の幹部候補 / 中央省庁の中堅幹部候補

地方上級職は、各都道府県や市役所において、幹部職員候補としてその自治体の行政に関する企画立案から政策活動の実施までの全てに関わるゼネラリストです。国家公務員一般職は、中央省庁の行政の第一線で政策の実施に携わります。基本的にはゼネラリスト的な職種です。

国家総合職・外務専門職
国政、世界を動かすキャリア官僚

いわゆる「キャリア組」といわれ、本省庁の幹部候補生となります。幹部候補生には幅広い視野と見識が必要とされるため、短期間で異動する幹部養成コースを歩み、ゼネラリストを目指すことになります。異動は本省庁内、あるいは地方、海外とを交互に勤め、徐々に昇進していくことになります。非常にハードですが、大変やりがいのある仕事だといえます。

心理・福祉系公務員
心や身体のケアを通して社会貢献

公務員の心理職・福祉職は、公的機関において「人に関わり、その人の抱える問題を共に考え、問題解決をサポートする」仕事です。人に深く関わり、その人の将来に影響を与えるこれらの仕事は責任も大きいですが、その分やりがいも大きいのが最大の魅力です。

理系（技術職）公務員
理系の知識を生かせるフィールド

それぞれの専門を活かした幅広い分野の業務に当たります。道路や社会資本の整備や、農業振興、水質管理、森林保全など専門的な知識が求められる仕事が中心業務となります。

消防官
消火・救急・救助のプロ

消防官（消防士）は、火災の消化や救急によって、人々の安全を守る仕事です。地方自治体の消防本部や消防署に所属しており、「消火」、「救助」、「救急」、「防災」、「予防」といった活動を主な任務としています。

警察官
市民の安全・平和を守る正義の味方

警察官は、犯罪の予防や鎮圧・捜査、被疑者の逮捕、交通の取締り、公共の安全と秩序の維持に当たることなどが、その責務とされています。この責務を果たすため、警察官は、刑事警察、地域警察、交通警察などの各分野で日々研鑽を積みながら職務に従事し、市民の安全・安心な生活を守っています。

資料請求・講座の詳細・
相談会のスケジュールなどについては、
LEC公務員サイトをご覧ください。

https://www.lec-jp.com/koumuin/

LEC公開模試

多彩な本試験に対応できる

毎年、全国規模で実施するLECの公開模試は国家総合職、国家一般職、地方上級だけでなく国税専門官や裁判所職員といった専門職や心理・福祉系公務員、理系（技術職）公務員といった多彩な本試験に対応できる模試を実施しています。職種ごとの試験の最新傾向を踏まえた公開模試で、本試験直前の総仕上げは万全です。どなたでもお申し込みできます。

【2024年度実施例】

	職種	対応状況
国家総合職	法律	基礎能力（択一式）試験、専門（択一式）試験、専門（記述式）試験、政策論文試験
	経済	
	人間科学	基礎能力（択一式）試験、専門（択一式）試験、政策論文試験
	工学	基礎能力（択一式）試験、政策論文試験専門（択一式）試験は、一部科目のみ対応。
	政治・国際・人文	基礎能力（択一式）試験、政策論文試験
	化学・生物・薬学	
	農業科学・水産	
	農業農村工学	
	数理科学・物理・地球科学	
	森林・自然環境	
	デジタル	
国家一般職	行政	基礎能力（択一式）試験、専門（択一式）試験、一般論文試験
	デジタル・電気・電子	基礎能力（択一式）試験、専門（択一式）試験
	土木	
	化学	
	農学	
	建築	
	機械	基礎能力（択一式）試験、専門（択一式）の一部試験（工学の基礎）
	物理	
	農業農村工学	基礎能力（択一式）試験
	林学	

	職種	対応状況
国家専門職	国税専門官A 財務専門官 労働基準監督官A 法務省専門職員（人間科学）	基礎能力（択一式）試験、専門（択一式）試験、専門（記述式）試験
	国税専門官B 労働基準監督官B	基礎能力（択一式）試験
裁判所職員	家庭裁判所調査官補	基礎能力（択一式）試験、専門（記述式）試験、政策論文試験
	裁判所事務官（大卒程度・一般職）	基礎能力（択一式）試験、専門（択一式）試験、専門（記述式）試験、小論文試験
警察官・消防官・その他※	警察官（警視庁）	教養（択一式）試験、論（作）文試験、国語試験
	警察官（道府県警） 消防官（東京消防庁） 市役所消防職 国立大学法人等職員	教養（択一式）試験、論（作）文試験
	高卒程度（国家公務員・事務） 高卒程度（地方公務員・事務）	教養（択一式）試験、適性試験、作文試験
	高卒程度（警察官・消防官）	教養（択一式）試験、作文試験

	職種	対応状況
地方上級・市役所など※	東京都Ⅰ類B 事務（一般方式）	教養（択一式）試験、専門（記述式）試験、教養論文試験
	東京都Ⅰ類B 事務（新方式）	教養（択一式）試験
	東京都Ⅰ類B 技術（一般方式） 東京都Ⅰ類B その他（一般方式）	教養（択一式）試験、教養論文試験
	特別区Ⅰ類 事務（一般方式）	教養（択一式）試験、専門（択一式）試験、教養論文試験
	特別区Ⅰ類 心理・福祉系	教養（択一式）試験、教養論文試験
	北海道庁	職務基礎力試験、小論文試験
	全国型 関東型 中部北陸型 知能重視型 その他地上型 心理職 福祉職 土木 建築 電気・情報 化学 農学	教養（択一式）試験、専門（択一式）試験、教養論文試験
	横浜市	教養（択一式）試験、論文試験
	札幌市	総合試験
	機械 その他技術	教養（択一式）試験、教養論文試験
	市役所（事務上級）	教養（択一式）試験、専門（択一式）試験、論（作）文試験
	市役所（教養のみ・その他）	教養（択一式）試験、論（作）文試験
	経験者採用	教養（択一式）試験、経験者論文試験、論（作）文試験

※「地方上級・市役所」「警察官・消防官・その他」の筆記試験につきましては、LECの模試と各自治体実施の本試験とで、出題科目・出題数・試験時間などが異なる場合がございます。

資料請求・模試の詳細などについては、
LEC公務員サイトをご覧ください。
https://www.lec-jp.com/koumuin/

最新傾向を踏まえた公開模試

本試験リサーチからみえる最新の傾向に対応

本試験受験生からリサーチした、本試験問題別の正答率や本試験受験者全体の正答率から見た受験生レベル、本試験問題レベルその他にも様々な情報を集約し、最新傾向にあった公開模試の問題作成を行っています。LEC公開模試を受験して本試験予想・総仕上げを行いましょう。

信頼度の高い成績分析

充実した個人成績表と総合成績表であなたの実力がはっきり分かる

～LEC時事対策～
『時事ナビゲーション』

『時事ナビゲーション』とは…

公務員試験で必須項目の「時事・社会事情」の学習を日々進めることができるように、その時々の重要な出来事について、公務員試験に対応する形で解説した記事を毎週金曜日に配信するサービスです。

PCやスマートフォンからいつでも閲覧することができ、普段学習している時間の合間に時事情報に接していくことで、択一試験の時事対策だけでなく、面接対策や論文試験対策、集団討論対策にも活用することができます。

※当サービスを利用するためにはLEC時事対策講座『時事白書ダイジェスト』をお申込いただく必要があります。

時事ナビゲーションコンテンツ

① ポイント時事

公務員試験で出題される可能性の高い出来事について、LEC講師陣が試験で解答するのに必要な知識を整理して提供します。単に出来事を「知っている」だけではなく、「理解」も含めて学習するためのコンテンツです。

② 一問一答

「ポイント時事」で学習した内容を、しっかりとした知識として定着させるための演習問題です。
学習した内容を理解しているかを簡単な質問形式で確認できます。質問に対する答えを選んで「解答する」をクリックすると正答と、解説が見られます。

時事ナビゲーションを利用するためには……

「時事ナビゲーション」を利用されたい方はお近くのLEC本校または、コールセンターにて「時事白書ダイジェスト」をお申込ください。お申込み完了後、Myページよりご利用いただくことができます。

詳しくはこちら　| 時事ナビゲーション |　| 検 索 |

こう使え！ 時事ナビゲーション活用術

教養択一対策に使え！

時事・社会事情の択一試験は、正確な時事知識をどれだけ多く身につけるかに尽きます。そのために「ポイント時事」で多くの知識をインプットし、「一問一答」でアウトプットの練習を行います。

専門択一対策に使え！

経済事情や財政学、国際関係は時事的な問題が多く出題されます。「時事ナビゲーション」を使って、その時々の重要な時事事項を確認することができます。講義の重要論点の復習にも活用しましょう！

教養論文対策に使え！

自治体をはじめ、多くの公務員試験で出題される教養論文は課題式となっています。その課題は、その時々で関心の高い出来事や社会問題となっている事項が選ばれます。正確な時事知識は、教養論文の内容に厚みを持たせることができるとともに、説得力ある文章を書くのにも役立ちます。

面接・集団討論対策に使え！

面接試験では、関心を持った出来事やそれに対する意見が求められることがあります。また、集団討論のテーマも時事要素の強いテーマが頻出です。これらの発言に説得力を持たせるためにも「時事ナビゲーション」を活用しましょう。

時事ナビゲーションを活用！〜合格者の声〜

時事ナビゲーションの見出しはニュースなどで見聞きしたものがありましたが、キーワードの意味や詳しい内容などを知らないケースが多々ありました。そこで、電車などの移動時間で一問一答をすることで内容の理解に努めるようにしていました！

私は勉強を始めるのが遅かったためテレビや新聞を読む時間がほとんどありませんでした。時事ナビゲーションではこの一年の出来事をコンパクトにまとめてくれており、また重要度も一目で分かるようにしてくれているのでとても分かりやすかったです。

毎週更新されるため、週に1回内容をチェックすることを習慣としていました。移動中や空き時間を活用してスマホで時事をチェックしていました。

詳しくはこちら⇒ www.lec-jp.com/koumuin/

■お電話での講座に関するお問い合わせ 平日：9:30〜20:00　土祝：10:00〜19:00　日：10:00〜18:00
※このナビダイヤルは通話料お客様ご負担になります。※固定電話・携帯電話共通（一部のPHS・IP電話からのご利用可能）。

LECコールセンター　0570-064-464

LEC Webサイト ▷▷▷ www.lec-jp.com/

情報盛りだくさん！

資格を選ぶときも，
講座を選ぶときも，
最新情報でサポートします！

▶最新情報
各試験の試験日程や法改正情報，対策講座，模擬試験の最新情報を日々更新しています。

▶資料請求
講座案内など無料でお届けいたします。

▶受講・受験相談
メールでのご質問を随時受付けております。

▶よくある質問
LECのシステムから，資格試験についてまで，よくある質問をまとめました。疑問を今すぐ解決したいなら，まずチェック！

▶書籍・問題集（LEC書籍部）
LECが出版している書籍・問題集・レジュメをこちらで紹介しています。

充実の動画コンテンツ！

ガイダンスや講演会動画，
講義の無料試聴まで
Webで今すぐCheck！

▶動画視聴OK
パンフレットやWebサイトを見てもわかりづらいところを動画で説明。いつでもすぐに問題解決！

▶Web無料試聴
講座の第1回目を動画で無料試聴！気になる講義内容をすぐに確認できます。

スマートフォン・タブレットから簡単アクセス！ ▷▷▷

自慢のメールマガジン配信中！（登録無料）

LEC講師陣が毎週配信！ 最新情報やワンポイントアドバイス，改正ポイントなど合格に必要な知識をメールにて毎週配信。

www.lec-jp.com/mailmaga/

LEC E学習センター

新しい学習メディアの導入や，Ｗｅｂ学習の新機軸を発信し続けています。また，ＬＥＣで販売している講座・書籍などのご注文も，いつでも可能です。

online.lec-jp.com/

LEC 電子書籍シリーズ

LECの書籍が電子書籍に！ お使いのスマートフォンやタブレットで，いつでもどこでも学習できます。

※動作環境・機能につきましては，各電子書籍ストアにてご確認ください。

www.lec-jp.com/ebook/

LEC書籍・問題集・レジュメの紹介サイト **LEC書籍部** www.lec-jp.com/system/book/

- LECが出版している書籍・問題集・レジュメをご紹介
- 当サイトから書籍などの直接購入が可能（＊）
- 書籍の内容を確認できる「チラ読み」サービス
- 発行後に判明した誤字等の訂正情報を公開

＊商品をご購入いただく際は，事前に会員登録（無料）が必要です。
＊購入金額の合計・発送する地域によって，別途送料がかかる場合がございます。

※資格試験によっては実施していないサービスがありますので，ご了承ください。

LEC 全国学校案内

*講座のお問合せ，受講相談は最寄りのLEC各校へ

LEC本校

北海道・東北

札 幌本校 ☎011(210)5002
〒060-0004 北海道札幌市中央区北4条西5-1 アスティ45ビル

仙 台本校 ☎022(380)7001
〒980-0022 宮城県仙台市青葉区五橋1-1-10 第二河北ビル

関東

渋谷駅前本校 ☎03(3464)5001
〒150-0043 東京都渋谷区道玄坂2-6-17 渋東シネタワー

池 袋本校 ☎03(3984)5001
〒171-0022 東京都豊島区南池袋1-25-11 第15野萩ビル

水道橋本校 ☎03(3265)5001
〒101-0061 東京都千代田区神田三崎町2-2-15 Daiwa三崎町ビル

新宿エルタワー本校 ☎03(5325)6001
〒163-1518 東京都新宿区西新宿1-6-1 新宿エルタワー

早稲田本校 ☎03(5155)5501
〒162-0045 東京都新宿区馬場下町62 三朝庵ビル

中 野本校 ☎03(5913)6005
〒164-0001 東京都中野区中野4-11-10 アーバンネット中野ビル

立 川本校 ☎042(524)5001
〒190-0012 東京都立川市曙町1-14-13 立川MKビル

町 田本校 ☎042(709)0581
〒194-0013 東京都町田市原町田4-5-8 MIキューブ町田イースト

横 浜本校 ☎045(311)5001
〒220-0004 神奈川県横浜市西区北幸2-4-3 北幸GM21ビル

千 葉本校 ☎043(222)5009
〒260-0015 千葉県千葉市中央区富士見2-3-1 塚本大千葉ビル

大 宮本校 ☎048(740)5501
〒330-0802 埼玉県さいたま市大宮区宮町1-24 大宮GSビル

東海

名古屋駅前本校 ☎052(586)5001
〒450-0002 愛知県名古屋市中村区名駅4-6-23 第三堀内ビル

静 岡本校 ☎054(255)5001
〒420-0857 静岡県静岡市葵区御幸町3-21 ペガサート

北陸

富 山本校 ☎076(443)5810
〒930-0002 富山県富山市新富町2-4-25 カーニープレイス富山

関西

梅田駅前本校 ☎06(6374)5001
〒530-0013 大阪府大阪市北区茶屋町1-27 ABC-MART梅田ビル

難波駅前本校 ☎06(6646)6911
〒556-0017 大阪府大阪市浪速区湊町1-4-1
大阪シティエアターミナルビル

京都駅前本校 ☎075(353)9531
〒600-8216 京都府京都市下京区東洞院通七条下ル2丁目
東塩小路町680-2 木村食品ビル

四条烏丸本校 ☎075(353)2531
〒600-8413 京都府京都市下京区烏丸通仏光寺下ル
大政所町680-1 第八長谷ビル

神 戸本校 ☎078(325)0511
〒650-0021 兵庫県神戸市中央区三宮町1-1-2 三宮セントラルビル

中国・四国

岡 山本校 ☎086(227)5001
〒700-0901 岡山県岡山市北区本町10-22 本町ビル

広 島本校 ☎082(511)7001
〒730-0011 広島県広島市中区基町11-13 合人社広島紙屋町アネクス

山 口本校 ☎083(921)8911
〒753-0814 山口県山口市吉敷下東 3-4-7 リアライズⅢ

高 松本校 ☎087(851)3411
〒760-0023 香川県高松市寿町2-4-20 高松センタービル

松 山本校 ☎089(961)1333
〒790-0003 愛媛県松山市三番町7-13-13 ミツネビルディング

九州・沖縄

福 岡本校 ☎092(715)5001
〒810-0001 福岡県福岡市中央区天神4-4-11 天神ショッパーズ
福岡

那 覇本校 ☎098(867)5001
〒902-0067 沖縄県那覇市安里2-9-10 丸姫産業第2ビル

EYE関西

EYE 大阪本校 ☎06(7222)3655
〒530-0013 大阪府大阪市北区茶屋町1-27 ABC-MART梅田ビル

EYE 京都本校 ☎075(353)2531
〒600-8413 京都府京都市下京区烏丸通仏光寺下ル
大政所町680-1 第八長谷ビル

【LEC公式サイト】www.lec-jp.com/

スマホから
簡単アクセス！

LEC提携校

＊提携校はLECとは別の経営母体が運営をしております。
＊提携校は実施講座およびサービスにおいてLECと異なる部分がございます。

■ 北海道・東北

八戸中央校【提携校】 ☎0178(47)5011
〒031-0035 青森県八戸市寺横町13 第1朋友ビル 新教育センター内

弘前校【提携校】 ☎0172(55)8831
〒036-8093 青森県弘前市城東中央1-5-2
まなびの森 弘前城東予備校内

秋田校【提携校】 ☎018(863)9341
〒010-0964 秋田県秋田市八橋鯲沼町1-60
株式会社アキタシステムマネジメント内

■ 関東

水戸校【提携校】 ☎029(297)6611
〒310-0912 茨城県水戸市見川2-3092-3

所沢校【提携校】 ☎050(6865)6996
〒359-0037 埼玉県所沢市くすのき台3-18-4 所沢K・Sビル
合同会社LPエデュケーション内

東京駅八重洲口校【提携校】 ☎03(3527)9304
〒103-0027 東京都中央区日本橋3-7-7 日本橋アーバンビル
グランデスク内

日本橋校【提携校】 ☎03(6661)1188
〒103-0025 東京都中央区日本橋茅場町2-5-6 日本橋大江戸ビル
株式会社大江戸コンサルタント内

■ 東海

沼津校【提携校】 ☎055(928)4621
〒410-0048 静岡県沼津市新宿町3-15 萩原ビル
M-netパソコンスクール沼津校内

■ 北陸

新潟校【提携校】 ☎025(240)7781
〒950-0901 新潟県新潟市中央区弁天3-2-20 弁天501ビル
株式会社大江戸コンサルタント内

金沢校【提携校】 ☎076(237)3925
〒920-8217 石川県金沢市近岡町845-1 株式会社アイ・アイ・ピー金沢内

福井南校【提携校】 ☎0776(35)8230
〒918-8114 福井県福井市羽水2-701 株式会社ヒューマン・デザイン内

■ 関西

和歌山駅前校【提携校】 ☎073(402)2888
〒640-8342 和歌山県和歌山市友田町2-145
KEG教育センタービル 株式会社KEGキャリア・アカデミー内

■ 中国・四国

松江殿町校【提携校】 ☎0852(31)1661
〒690-0887 島根県松江市殿町517 アルファステイツ殿町
山路イングリッシュスクール内

岩国駅前校【提携校】 ☎0827(23)7424
〒740-0018 山口県岩国市麻里布町1-3-3 岡村ビル 英光学院内

新居浜駅前校【提携校】 ☎0897(32)5356
〒792-0812 愛媛県新居浜市坂井町2-3-8 パルティフジ新居浜駅前店内

■ 九州・沖縄

佐世保駅前校【提携校】 ☎0956(22)8623
〒857-0862 長崎県佐世保市白南風町5-15 智翔館内

日野校【提携校】 ☎0956(48)2239
〒858-0925 長崎県佐世保市椎木町336-1 智翔館日野校内

長崎駅前校【提携校】 ☎095(895)5917
〒850-0057 長崎県長崎市大黒町10-10 KoKoRoビル
minatoコワーキングスペース内

沖縄プラザハウス校【提携校】 ☎098(989)5909
〒904-0023 沖縄県沖縄市久保田3-1-11
プラザハウス フェアモール 有限会社スキップヒューマンワーク内

※上記は2023年11月1日現在のものです。

書籍の訂正情報について

このたびは,弊社発行書籍をご購入いただき,誠にありがとうございます。
万が一誤りの箇所がございましたら,以下の方法にてご確認ください。

1 訂正情報の確認方法

書籍発行後に判明した訂正情報を順次掲載しております。
下記Webサイトよりご確認ください。

www.lec-jp.com/system/correct/

2 ご連絡方法

上記Webサイトに訂正情報の掲載がない場合は,下記Webサイトの
入力フォームよりご連絡ください。

lec.jp/system/soudan/web.html

フォームのご入力にあたりましては,「Web教材・サービスのご利用について」の
最下部の「ご質問内容」に下記事項をご記載ください。

- ・対象書籍名(○○年版,第○版の記載がある書籍は併せてご記載ください)
- ・ご指摘箇所(具体的にページ数と内容の記載をお願いいたします)

ご連絡期限は,次の改訂版の発行日までとさせていただきます。
また,改訂版を発行しない書籍は,販売終了日までとさせていただきます。

※上記「2 ご連絡方法」のフォームをご利用になれない場合は,①書籍名,②発行年月日,③ご指摘箇所,を記載の上,郵送にて下記送付先にご送付ください。確認した上で,内容理解の妨げとなる誤りについては,訂正情報として掲載させていただきます。なお,郵送でご連絡いただいた場合は個別に返信しておりません。

送付先:〒164-0001 東京都中野区中野4-11-10 アーバンネット中野ビル
株式会社東京リーガルマインド 出版部 訂正情報係

- ・誤りの箇所のご連絡以外の書籍の内容に関する質問は受け付けておりません。
  また,書籍の内容に関する解説,受験指導等は一切行っておりませんので,あらかじめご了承ください。
- ・お電話でのお問合せは受け付けておりません。

講座・資料のお問合せ・お申込み

LECコールセンター 0570-064-464

受付時間:平日9:30~20:00/土・祝10:00~19:00/日10:00~18:00

※このナビダイヤルの通話料はお客様のご負担となります。
※このナビダイヤルは講座のお申込みや資料のご請求に関するお問合せ専用ですので,書籍の正誤に関するご質問をいただいた場合,上記「2 ご連絡方法」のフォームをご案内させていただきます。